パーフェクトレッスンブック

いちばん新しい テニス上達メソッド

監修 緑ヶ丘テニスガーデン

PERFECT LESSON BOOK

実業之日本社

はじめに——

この数年間で、大きく変化したテニスの基本を理解してから、練習をすることが大切。

　テニスが上達するためには、基本をしっかりと理解して練習することが大切です。では、テニスの基本をどのように学べば良いのでしょうか？
　身近にいる上級者に教えてもらえばいいと考える人もいると思いますが、本当に大切な基本をしっかりと理解している人は少ないのが現状です。
　その大きな理由が、トップ選手たちの努力によって、この数年間でテニスの基本が大きく変わっているからです。彼らは、どうすれば、もっと、効率的に体を使って威力のあるボールを確実に打つことができるのかを科学的に研究しています。ラケットが進化してきたように、テニスの基本も日々、進化しているのですが、その部分に気づいている人は多くはありません。残念ながら、テニスコーチの中にも、古くなってしまった基本を教えている人もいます。
　もちろん、最新の基本を理解しても、すぐにトップ選手のように、最新の打ち方ができるようにはなりません。それでも、進化したテニスの基本を理解してもらってから、練習をしていただければ、少しずつ自分のテニスが変わっていくのがわかるはずです。

　この本では、東京都テニス協会の強化委員長を務める中村吉人（日本体育協会公認テニスマスターコーチ）が研究して、緑ヶ丘テニスガーデンで指導をしているテニスの新しい基本について、ポイントを絞って、説明させていただきました。
　これから、テニスを始めようとするジュニアや社会人の方は、もちろんですが、がんばって、努力をしているのに、結果がなかなか出なくて、悩んでいる方にぜひ、読んでいただきたいです。きっと、すぐにお役に立てるはずです。

CONTENTS

002　はじめに

Lesson1 フォアハンドストローク

010　"歩く動作"が、フォアハンドのすべての基本！
011　ラケットをスイングしながら"体の切り返し動作"の意識づけを
012　左足一本でスイングして「体幹」を意識してみよう！
013　グリップは、セミウエスタングリップで握ろう
013　フォアハンドストロークのラケットワークの基本になる"回内動作"を身に付けよう
014　"回内動作"を取り入れたフォアハンドのシャドウスィング
015　"回内動作"は腕相撲で習得できる
015　ラケットを持ってパートナーと練習してみよう！
016　レディポジションは大きなボールを抱えているイメージでゆったりと構える
016　ターンでは右股関節を意識し、ラケットヘッドを上げた状態でテークバック
017　テークバックではラケットを引きすぎないように！
018　"体の切り返し動作"と"回内動作"を使ったボディーワークとラケットワーク
020　右腕の"回内動作"でスィングを加速させて振りきる
022　スィング軌道は弧を描くようにしよう！
024　"歩く動作"のフットワークのフィニッシュは、右足の蹴り上げ
025　縦振りはラケットの中心を意識して練習しよう！
026　高い打点で打つときは"回内動作"を利用した縦振りで！
028　低い打点はラケットを縦振りしてボールをこすり上げる！
030　厳しい角度のボールも"歩く動作"のフットワークなら戻りやすい！
031　深いボールに対するディフェンスは、右足軸がキーポイント！
032　錦織圭選手の"エアK"は、"歩く動作"を発展させたもの！

Lesson2 ダブルバックハンドストローク

034　ボディーワークとフットワーク上達の近道は"歩く動作"
034　右手はセミウエスタングリップ、左手はやや厚め
035　左手のスィングで"回内動作"を体感しよう
036　左腕の"回内動作"に右腕がついてくるイメージ
037　パートナーと左腕の"回内動作"を確認しよう
038　右足を軸に"歩く動作"をすることで体のバランスを鍛えられる！

- 040 ユニットターンではラケットヘッドを上げてテークバックしよう
- 041 インパクト直前までのスィング軌道はまっすぐ！
- 042 "体の切り返し動作"と"回内動作"がバックハンド完成のカギ！
- 044 高い打点は肩の高さで打つべし！
- 045 低い打点では両ひざを曲げて重心を低くする
- 046 右足軸の"歩く動作"でジャックナイフを打ってみよう
- 048 サイドへ大きく振られたら"歩く動作"のフットワークで素早く戻ろう！

Lesson3 シングルバックハンドストローク

- 050 シングルバックハンドも"歩く動作"が基礎になる！
- 050 グリップはバックハンドイースタングリップ
- 051 シャドウスィングをしてみよう！
- 052 ラケットワークの基本は"回外動作"
- 053 "回外動作"は"回内動作"の逆
- 053 左右の肩甲骨がくっつくようなイメージでラケットを振りきる！
- 054 補助付きで前腕部の"回外動作"を練習してみよう
- 055 テークバックはラケットヘッドを上げる！
- 055 "回外動作"でラケットを加速させよう！
- 056 ストロークは"体の切り返し動作"と"回外動作"の組み合わせ
- 058 高い打点は肩を上げて"回外動作"を使って打とう！
- 059 "回外動作"がうまくいかないとコントロールが利かない！
- 060 "回外動作"でラケット面を調節！
- 062 低い打点は両ひざを曲げて重心を低くセット
- 064 直線的なスィングは低い打点の対処がむずかしくなる

Lesson4 フォアハンドボレー

- 066 "歩く動作"はボレーの基礎でもある！
- 066 グリップはコンチネンタルより少し厚めに握ろう
- 067 スィングはフレームを先行させる意識を持とう！
- 068 レベルスィングで厚い当たりを心掛けよう！
- 069 インパクトに向けてラケットヘッドは遅らせる

CONTENTS

Lesson5 バックハンドボレー

- 072 "歩く動作"のおさらい
- 072 グリップはコンチネンタルグリップがおすすめ
- 073 背中の左側に力を入れる感覚でラケットをセットしよう！
- 073 前傾姿勢はミスにつながる！
- 074 インパクトはレベルスィングで厚く当てよう！

Lesson6 スィングボレー（フォアハンド＆バックハンド）

- 078 フォアハンドスィングボレー
    - ラケットはやや上向きにセットしよう
    - "回内動作"がキーポイント！　補助付きで練習してみよう
    - "体の切り返し動作"と"回内動作"を高い打点で実践してみよう！
- 082 バックハンドスィングボレー
    - 左手だけのスィングで"回内動作"を確認
    - 体が開いて腰が回り過ぎないようにしよう
    - 打点はおへそから左斜め前
    - "体の切り返し動作"と"回内動作"を高い打点で実践してみよう！

Lesson7 サーブ

- 088 ウォーキング打法
    - サーブのカギを握る"ウォーキング打法"
- 102 グリップは、少し薄めのコンチネンタルリップで握ろう
- 102 サーブの構えは大切なルーティン
- 103 トスアップのボールは指の第三関節にのせよう
- 103 トスは目線の高さでリリースしよう
- 104 トスは右斜め前に上げよう！
- 105 大きなボールで"回内動作"を身に付けよう！
- 105 ラケットの中心を感じて"回内動作"を練習しよう！
- 106 パートナーと"回内動作"の練習をしよう！
- 107 シャドウスィングでラケットワークを習得しよう！
- 108 "回外動作"でラケットヘッドを落とす

- 109 "回内動作"でインパクト
- 110 ラケットワークとボディーワークを連動させよう！
- 118 インパクトでのラケットの当たり方を球種別に覚えよう！
- 122 【フラットサーブ】スィングが最も速くなるタイミングでインパクト
- 124 【スライスサーブ】フレームを縦に入れて1時方向をチョップ！
- 126 【スピンサーブ】横方向のスィングを意識しよう！
- 128 【ツイストサーブ】山なりの軌道を意識しよう！

Lesson8 スマッシュ

- 132 グリップはコンチネンタルリップで握ろう！
- 132 テークバックは右足に体重をのせよう
- 133 胸を張り、左手でボールを指す
- 134 上体のバランスは下を向かないことがコツ
- 135 インパクトはしっかり"回内動作"でラケットを加速させよう
- 136 左右の腕の入れ替えは必須テクニック！
- 138 サイドステップ
- 139 クロスステップ
- 140 ネットから近い位置では踏み込み、遠い位置では右足ジャンプ
- 142 スィング可動域は350度！

Lesson9 現代テニスで勝ち抜くための必須テクニック

- 144 打点を前にとること
  相手の時間を奪おう！
  正しいボールへの入り方を覚えよう！
- 146 スライスでチェンジオブペース
  フォアハンドスライス
  バックハンドスライス
  サイドスピンをかけてコートを広く使おう！
- 149 ドロップショットで主導権を握る
  ドロップショットは打つ直前まで隠しておこう
  ボールの勢いは吸収しよう！
  ドロップショットを相手に返球されたときに、予測対処が大切

CONTENTS

- 151 相手を前後左右に振りまわすテクニカルショット
  - 深く弾むトップスピンと浅く弾ませないフラットを組み合わせよう
- 153 相手のポジションを下げる
  - ベースラインからラケット2本分の深さにコントロールしよう
- 155 相手に予測をさせない
  - 打つ前の一瞬の間で相手の足を止めよう
  - ダブルスでも相手前衛の動きを止めることができる
- 157 相手のタイミングをはずす
  - 球種やスピードを変えて的を絞らせないようにしよう
- 159 ポジションを状況に応じて変える
  - 二等辺三角形の底辺の中心に立つイメージをもとう！
  - ライジングショットに挑戦してみよう
  - フォアの回り込み逆クロスでポジションを前にとろう
  - 超攻撃的リターンダッシュ "セイバー" を試してみよう
- 162 攻守のバランスを考える
  - ねばり強く守ってチャンスを窺おう！
  - 深いボールはラケット3〜4本の高さを通そう
- 164 試合にむけての準備をする
  - からだを動かすための準備運動を習慣づけよう
- 170 ウォーミングアップ
  - 主要な筋肉は動かしておこう
- 176 クールダウン
  - 乳酸を残さないようにして疲労回復を図ろう
- 180 集中力を高める
  - さまざまな方法で集中力を高めよう
- 183 用具の変化
- 184 プレースタイルの変化・環境の変化
- 185 練習時間
- 186 監修者＆モデル紹介
- 188 緑ヶ丘テニスガーデン
- 190 おわりに

Lesson 1
フォアハンドストローク

フォアハンドストロークは数年の間に大きな変化がもたらされ、今も日々進化を続けているテニスの「核」です。スピードとパワーの両立が必要不可欠で、それに伴ったラケットワークやボディワークのスキルも絶えず模索されています。本書での最新のフォアハンドの技術を習得すれば、試合に勝てる実践的なストロークを手に入れることができるはずです！

"歩く動作"が、フォアハンドのすべての基本!

フォアハンドストロークでは、"歩く動作"が、ボディーワークとフットワークのベースになります。

左足を前方に踏み出したときに、右腕が同時に前に振り出され、次の一歩はその逆、というように手足が左右逆に動いていく一連の動きを、本書では"体の切り返し動作"と呼ぶことにします。

誰でも無意識にやっている"体の切り返し動作"が、フォアハンドを打つ時にも基本であり、最新理論の習得のキーであることを、ここでは覚えてください!

手足が左右逆に動いていく一連の動きを"体の切り返し動作"とする

❶　❷　❸　❹

ラケットをスイングしながら "体の切り返し動作" の意識づけを

　ボールを打つときに"体の切り返し動作"が無意識のうちにできるようにするために、ラケットを持ち、フォアハンドのシャドウスイングを歩きながらしてみましょう。

　写真①のように、右足を踏み出すと左腕が前へ振り出され、右腕で持ったラケットが後ろにいく。この時、自然に上体が右側へひねられる。これがいわゆるテークバックです。

　それから左足を踏み出し（写真③）、右腕が前にいく動きを利用してラケットの振り出しが始まります。

　そして、写真④のように、踏み出した左足が着地するタイミングでラケットを振り抜きます。このとき、上体のひねり戻しを使えば、ぐっとスイングがしやすくなります。

　"体の切り返し動作"と上体のひねりとひねり戻しを意識して、歩きながらシャドウスイングをしてみましょう！

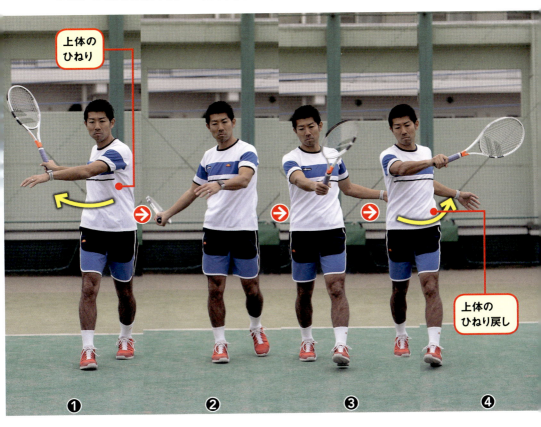

左足一本でスイングして「体幹」を意識してみよう!

　左足一本で立ってスイングしてみましょう。"体の切り返し動作"を身につけられるだけでなく、==体幹のバランス==を実感することができます。

　左足を軸にして、右足を前方へ蹴り上げると（写真①、②）、左腕が前に出て、右腕で持ったラケットが後ろに引かれて、上体がひねられます。

　次に、右足を後ろへ蹴り出すと、自然とラケットが前に振られます。

　このようにシャドウスイングで、体幹を感じることができると思います。

　ボディーワークとフットワークをうまく組み合わせるには、==体幹を感じながらバランスをとる==ことがとても大切です。

　フォアのジャックナイフ、いわゆる「エアK」は、この左足一本を軸としたスイングの発展形です!

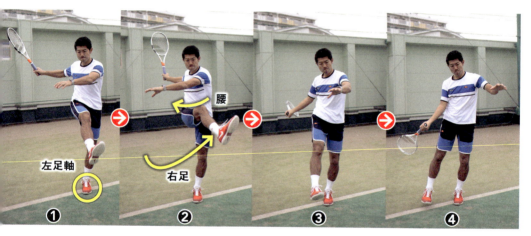

グリップは、セミウエスタングリップで握ろう

最新のフォアハンドストロークを打つのに適しているグリップは、セミウエスタングリップです。ひと昔前は、イースタングリップが主流だったが、現在は、スピードテニスとパワーテニスの適応するために、握りを少し厚く（少し右側へずら）したセミウエスタングリップの方が、相手のボールに打ち負けないでラケット面を維持することができ、ボールに厚い当たりをしながら、よりシャープなスィングをすることができます。

セミウエスタングリップは、イースタングリップより少し厚い。少し右側にずらして握って厚い当たりとシャープなスィングを実現できる

フォアハンドストロークのラケットワークの基本になる"回内動作"を身に付けよう

両ひじを90度に曲げた状態で、両腕を肩の高さまで上げてセットする。次に、左右同時に、ひじから手首までの前腕部を前方へ曲げながら、親指が内側に入っていくようにし、最終的に親指が下側にいきます。この時、ひじの位置は固定されたままで、肩からひじの上腕部が内側へ軸回転するのと連動して、前腕部と手首も内側へひねられるように回転していきます。この一連の動作を本書では、"回内動作"と呼びます。まずは、この腕の"回内動作"を体に覚え込ませましょう。

両ひじを90度に曲げた状態で、両腕を肩の高さにセット。ひじの位置を固定して、前腕部を前方へ曲げながら、親指が内側に入っていくようにする。この時、上腕部が内側へ回るのと連動して、前腕部と手首も内側へ回転する

"回内動作"を取り入れた フォアハンドのシャドウスィング

　さっそく"回内動作"をフォアハンドのスィングに取り入れてみましょう。

　まずはラケットを持たずにシャドウスィングでフォームの確認です。腕は力まず、ひじを少し曲げた状態で前へ振り出します。肩からひじ、ひじから手首へと運動連鎖を起こしながら腕が内側へ回転していくイメージを意識しましょう。"回内動作"はラケットヘッド（この場合は手先）が加速する動きを腕が受け、その力に引っ張られる形で起きるからです（写真⑤、⑥）。==振り終えたときは親指が下を向き、手のひらはネットを向く形になります。==

　このとき注意することは手の位置です。ひじを必要以上にたたんでしまうと胸のあたりでフォロースルーをむかえますが、これはケガの原因になる可能性があります。腕はしっかりと体の前へ押し出すようにして振り、肩の高さでスィングを終えるようにしましょう（写真④、⑤、⑥）。

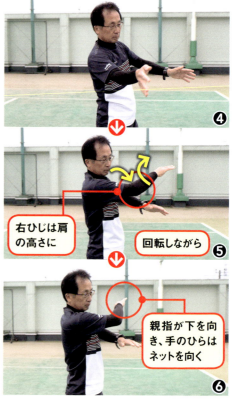

"回内動作"は腕相撲で習得できる

"回内動作"がうまくできないときは、腕相撲の動きを体に覚えこませましょう。

パートナーに必ずひじを押さえてもらいながら行います。自分が勝ったときの動作は、フォアハンドのスイングをイメージするときに役に立つはずです。

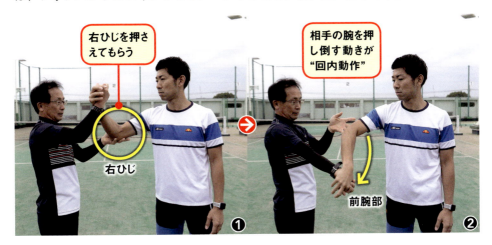

ラケットを持ってパートナーと練習してみよう!

ラケットワークは、パートナーに協力してもらいながら練習することをオススメします。腕相撲の時と同じように、ひじを固定してもらいながらラケットを動かします。ここで気をつけたいのはラケットの打球面とフィニッシュの位置。ひじを基点にして動かした場合も変わらずに打球面はネットを向き、フォロースルーは肩の高さで終わることが大切です。

レディポジションは大きなボールを抱えているイメージでゆったりと構える

レディポジションは、大きなボールを抱えるイメージで両ひじを体から離し、余裕をもって構えましょう。ひじをたたむと力みやすくなってしまいます。スタンスは肩幅よりも広くとり、ラケットが体の正面にいつもあるようにセットします。

そうすることで、よりボールへ早く反応できる姿勢になります！

両ひじの間を広く開けて、大きなボールを抱えているイメージ

両ひじを狭めると、力みやすくなる

ターンでは右股関節を意識し、ラケットヘッドを上げた状態でテークバック

ターンでは、ラケットヘッドを上げてテークバックをします。ここでは"歩く動作"で行った右側への上体のひねりを思い出しましょう。右足をセットして上体をひねるとき、右股関節にタメをつくります。股関節を右足のかかとにのせるイメージで。テークバックはラケットと右腕で「く」の字を描くようにすれば、"ユニットターン"の完成です。左腕はボールを指差す人もいれば、スロートに手を添える人もいます。

ラケット
右腕
くの字を描くようにテークバック

ベースラインと肩が90度、腰が45度右側へひねられている形が理想

肩
腰

テークバックでは
ラケットを引きすぎないように！

　テークバックをしたときのラケットの位置は、**視界に入るぐらいコンパクトになるようにしましょう。**ラケットヘッドを立てて準備することも忘れないように！

　ラケットを体の後ろまで大きく引いてしまうと、相手の返球に振り遅れてしまいます。今ではラケットが進化し、打球は昔とは比べものにならないほどの速さです。ミスをしないためにも、ラケット操作をできるだけ小さくすることは、大切なテクニックとなります。

ラケットは、自分の体の右側にセットして、テークバックはコンパクトに

テークバックでラケットを後ろに引き過ぎると、現代テニスのスピードに振り遅れてしまう

"体の切り返し動作"と"回内動作"を使ったボディーワークとラケットワーク

"体の切り返し動作"と"回内動作"を、フォアハンドのボディーワークとラケットワークに取り入れていきましょう！

股関節をかかとにのせるイメージはそのままに、右足を斜め前に踏み込みます。そのとき、上体はユニットターンさせ、ひねりをつくります。ラケットヘッドを立てながらテークバックし、右腕とラケットで「く」の字をつくることを意識します。そして、上体のひねり戻しを利用しながら、左足を踏み込んでラケットを前へ勢いよく振っていきます。インパ

クトに向けてラケットはやや下を向きますが、肩からひじ、そして手首までが連動した"回内動作"によってボールを真正面から厚く捉えることができます。手のひらでボールを捕るような感覚がフォアハンドでは重要です！　次のページで、より詳細に"回内動作"を見ていきましょう。

"歩く動作"をいつも思い出して、イメージしながら打とう！

上体のひねり戻しを使いながら、ラケットを振り出す

❸

"回内動作"が始まり、ラケットヘッドが加速

左足を踏み込んでいく

❹

右腕の"回内動作"で
スィングを加速させて振りきる

インパクトでは"回内動作"を利用しますが、これはスィングを加速させてボールに力を加える大切なテクニックでもあります。意識するべきポイントに注目しながら、体の動かし方を確認してみましょう。

インパクトに向けて左足が踏み込まれ、親指が下を向いた状態で、腕が体に巻きつくようにフォロースルーをとる一連の流れがフォアハンドです。そのとき、

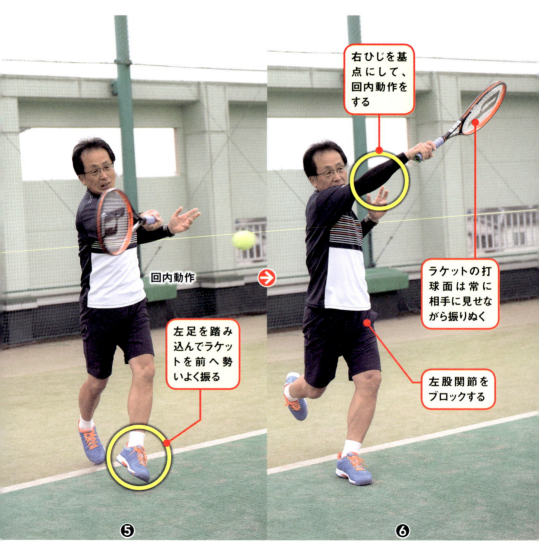

回内動作

右ひじを基点にして、回内動作をする

左足を踏み込んでラケットを前へ勢いよく振る

ラケットの打球面は常に相手に見せながら振りぬく

左股関節をブロックする

❺　　　❻

右ひじ基点の"回内動作"によって腕が顔の高さまで上がり、打球面を相手に見せながら振りぬきます。左足に重心が移った状態で着地をし、フォロースルーでは"体の切り返し動作"の結果として、右足が後方へ蹴り上げられる点にも注意しながら練習していきましょう！

右腕の"回内動作"がキーポイントだよ！

"体の切り返し動作"の結果、右足が自然に後方へ蹴り上げられる

右ひじ基点のまま、腕が体に巻きつくようにフォロースルー

左足に重心が移った状態で着地

❼

❽

スィング軌道は弧を描くようにしよう!

スィングは、以前は右肩を支点として、ラケットを押し出すストレートな軌道でした。しかし、今はラケットの操作はできるだけコンパクトにする一方で、右腕の"回内動作"を利用してダイナミックに振っていくことが求められます。

大きく振った結果として、ラケットの軌道は弧を描くようになります。自分のスィングが直線的になっていないかを意識して見てみましょう! ラケットヘッドを加速させる効果もあるので、どんなときもラケットは大胆に前へと振り出していくことをオススメします。

また、テークバックで体の右側へユニットターンをしたときには、右腕でまず"回内動作"を行います(写真①)。次に、ラケットヘッドダウンでは、"回外動作"が行われ、右ひじより右手首が後ろになり、右腕とラケットで「逆くの字」をつくります(写真②)。

そして、インパクトに向けては"回内動作"が始まります。そのとき、インパクトに向けては直線的なスィングになり(写真②、③)、インパクト付近からフォロースルーでは、"回内動作"によって弧を描くようなスィングになります(写真④〜⑥)。

テークバックで"回内"、ラケットヘッドダウンで"回外"、スィングで"回内"、この一連の動作をシャドウスィングで身に付けましょう。

回内

ユニットターンで回内

①

弧を描くようなスィングに切り替わる

④

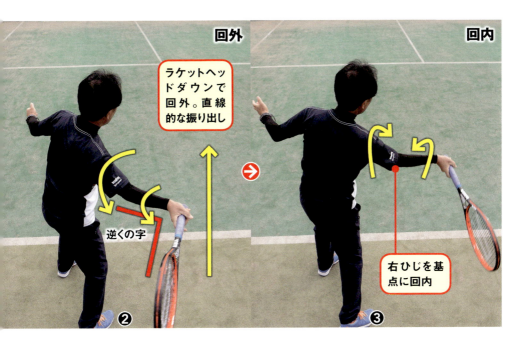

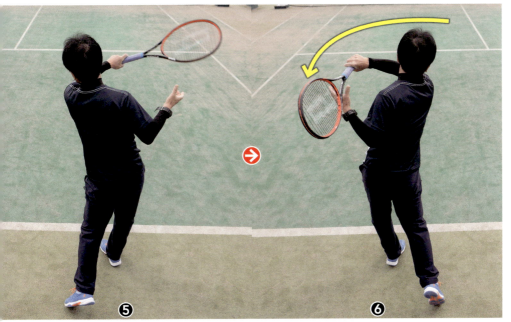

"歩く動作"のフットワークのフィニッシュは、右足の蹴り上げ

　"歩く動作"を駆使したフォアハンドストロークのフットワークのフィニッシュは、右足の蹴り上げです。

　左足をきちんとステップインし、右腕を前方へ振り出したフォロースルーをした結果として、右足の蹴り上がりがあります。フィニッシュで右足の蹴り上げがなされているのなら、それは、フォアハンドストロークの時のボディーワークとフットワークにおいて、"歩く動作"が活用できている証拠です。ぜひチェックしながら練習していこう。

フォアハンドストロークのフィニッシュでは、右足を蹴り上げる

縦振りはラケットの中心を意識して練習しよう!

　試合では、いつも同じ打点で打てるわけではありません。高い打点で打ち込むこともあれば、低い打点で処理しなければならないこともあります。さまざまな打点に柔軟に対応するためには、ラケットを縦振りする感覚をつかむことが大切です!

　そのイメージをつかむためには、スロートをつかんでラケットの中心を意識しながら、ラケットヘッドとグリップエンドの位置が左右入れ替わるように動かしてみましょう(写真①～③)。

　上手くできたら、いつもどおりのグリップで握り、同じ動きをしてみましょう(写真Ⓐ～Ⓒ)。縦振りを実際のストロークに取り入れるイメージができるはずです。注意するべきなのは、ここでも"回内動作"を忘れないこと。右手首だけで操作してしまうと、ボールに力が伝わりません。

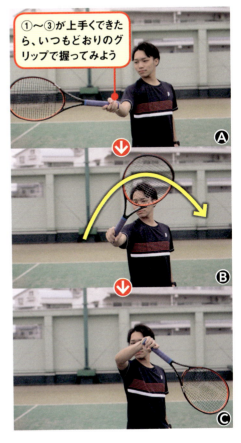

①～③が上手くできたら、いつもどおりのグリップで握ってみよう

高い打点で打つときは"回内動作"を利用した縦振りで!

一般的に、以前の直線的なスィングでは高い打点は力が入りにくくなります。しかし、"回内動作"を利用した縦振りのフォアハンドストロークなら、パワーロスすることなくボールに力を伝えることができます!

インパクトはグリップより高い位置になりますが、"回内動作"を利用した縦振りでラケットヘッドを一気に振り抜きます。そのとき、極端にラケットをボー

❶ ❷ ❸

ルの下に入れないようにし、厚い当たりを意識します。ボールが飛びやすくなる場面ではありますが、腕をたたむことなく、しっかりと前へと振り出していきましょう！

　高い打点を克服できれば、ライバルにも勝てるようになるかも！

低い打点はラケットを縦振りして
ボールをこすり上げる!

打点が低くなると、打球をネットにかけてしまうリスクが高まるので、ボールをこすり上げなければなりません。ユニットターンをしたとき、踏み込む左足のひざだけでなく、右ひざも90度になるくらい曲げて、低いボールを打つ準備をしっかり行いましょう。

"回内動作"を使いながら、ラケット

低い打点で打つ時は、左ひざだけでなく、右ひざもしっかり曲げて、低いボールに対応する

❶ ❷ ❸

を下から上へコンパクトに縦振りして、しっかり回転をかけます。ここでも、打球面を相手に向けた状態でフォロースルーすることを忘れないようにしましょう。

ラケットをコンパクトに縦振り

打球面を相手に向けた状態でフォロースルー

下から上へラケットをコンパクトに振り上げ、しっかりトップスピンをかけて、ネットを越せるようなボールにする

❹　　❺　　❻

厳しい角度のボールも "歩く動作" のフットワークなら戻りやすい!

　厳しい角度へのボールを相手から打たれ、右サイドへ走り込んで打ち返すときは、"歩く動作" のボディーワークとフットワークを利用しましょう。走り込んでインパクトする際、<mark>左足を踏み込みながらボールをとらえます。</mark>そうすることで、ラケットをより前へ振り出すことになり、相手ボールの勢いに負けない体勢をつくることができます!

　その後は、右足でブレーキをかけて上体がブレないようにキープ。その右足を蹴り上げることで、センターにすばやく戻ることができます。

右サイドに振られても、左足を踏み込みながらラケットを振り出せば、ボールを前で捕らえられる

右股関節でブロックしてブレーキ。その反動を使ってコートのセンターへ戻る

深いボールに対するディフェンスは、右足軸がキーポイント！

深いボールに対してベースライン後方まで下がりながら返球すると、打点が遅れてラケットワークがうまくいかないことがあります。体がのけぞりやすく、難しいショットではありますが、こんなときも"歩く動作"を利用したボディーワークとフットワークで対処が簡単になります。

後ろに下がったとき、後ろ足（右足）を軸にして、右股関節にタメをつくります。インパクトではラケットを前へ振り出すと同時に、左ひざを高く上げる。こうすることによって、"歩く動作"の運動理論により、バランスを崩さないで打ち終えることができます。バランスを保つことができれば、次のボールにすばやく対応することも可能です。体の軸をまっすぐに維持できるように練習していきましょう！

① うしろへ
② 右股関節にタメをつくる
③

④ 右足を軸にして打ち返す
⑤ ラケットを振り出すとき、左足を高く上げるとバランスがとれる
⑥

錦織圭選手の"エアK"は、"歩く動作"を発展させたもの!

錦織圭選手のエアK（フォアハンドジャックナイフ）は、じつは歩く動作の延長線上にあります。難しい技術ではありますが、より攻撃的に試合を展開することが可能になります。

まず左足でジャンプして、空中で右ひざを上げながらテークバックを完成させます。上体をひねり戻してインパクトを迎える瞬間に、右足を後方へ蹴り出すことでボールにパワーが伝わります。空中で歩くイメージを持って、体幹をまっすぐに維持することが大切です。

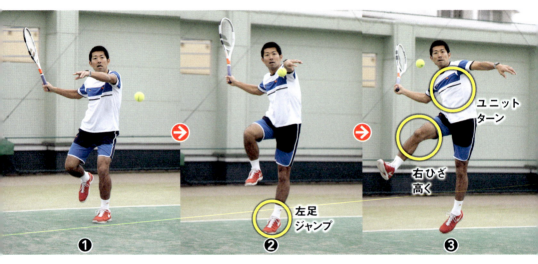

② 左足ジャンプ
③ ユニットターン／右ひざ高く

⑤ ラケットを振り出す時に、右足を後方へ蹴り出す

Lesson 2
ダブルバックハンドストローク

両手打ちの選手が主流となり、テニスにおいてスタンダードなプレースタイルとなっています。両手でラケットを握る安定感が強みで、フォアハンドより得意とする人も多いショットです。ここではラケットワークやフットワーク、ボディーワークを中心に紹介していきます。全てをマスターし、さらなるスピードやパワーの向上を目指しましょう！

ボディーワークと
フットワーク上達の近道は"歩く動作"

ダブルハンドストロークでも"歩く動作"がボディーワークとフットワークのベースになることを常に意識しましょう！それと同時に、手足が左右交互に動く"体の切り返し動作"も忘れずにフォームに取り入れていきます。この当たり前の動きを体に覚え込ませることが、習得のキーポイントです。

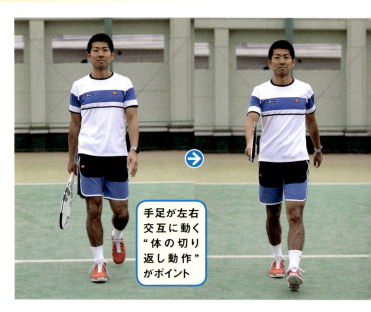

手足が左右交互に動く"体の切り返し動作"がポイント

右手はセミウエスタングリップ、
左手はやや厚め

非利き手は利き手から少し離れた位置で、少し厚めに握る

利き手はセミウエスタングリップで握り変えない

　ダブルバックハンドストロークは、右手はセミウエスタングリップで握ることをオススメします。ボールに打ち負けないために、利き手はできるだけ握り変えないことが大切です。左手はセミウエスタンより少し厚めに握り、右手と少し離れた位置で握ります。スィングの過程で、打点を前にとりやすくなるメリットがあるからです。

　写真を参考にして、自分に最適なグリップを探しましょう！

左手のスィングで "回内動作"を体感しよう

　両手で押し出すスィングに見えますが、ダブルバックハンドもフォアハンドのように"回内動作"が伴います。そこで、まず左手だけでラケットを持ってスィングをし、"回内動作"の意識をしてみましょう。難しいことは考えず、左利きのフォアハンドをイメージしてください。そのときの肩からひじ、ひじから手首へと連動する動きが両手で打つ際にも必要になり、この"回内動作"がラケットワークにおいて最も大切なものになります。

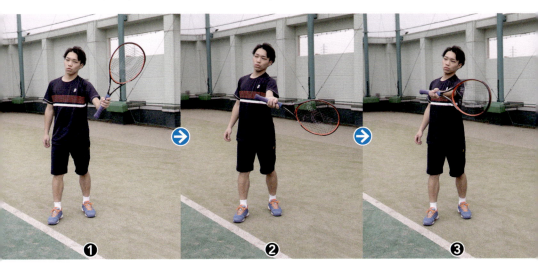

左腕の"回内動作"に右腕がついてくるイメージ

　次は両手での練習です。シャドウスイングをしてフォームの確認をしましょう。そのとき、利き手に力を入れて振り抜かないように気をつけましょう。利き手は非利き手の動きについてくる感覚で十分です。右利きのプレーヤーは左腕主導、左利きのプレーヤーは右腕主導で打つイメージを忘れないでください。

　バックハンドが苦手だという人は、試してみてください！

ダブルバックハンドストロークのラケットワークでは、左腕の"回内動作"に協調させて、右腕を動かすのが大切

パートナーと左腕の"回内動作"を確認しよう

　パートナーに補助に付いてもらって、左腕の"回内動作"の確認をしてみましょう。ラケットを動かしてもらい、左手がどのように動いているのかをチェックします。直線的なスィング軌道ではなく、"回内動作"の結果によって弧を描くようなスィング軌道になります。また、フォアハンドストロークと同様に、打球面はネットを向いたままで終わることも気をつけましょう！

右足を軸に"歩く動作"をすることで体のバランスを鍛えられる!

　右足を軸にしながら"歩く動作"を取り入れると、体の切り返しの感覚を養うと同時に、バランスを鍛えることにもつながります。

　写真①のように、右足を軸にして左足を前に蹴り上げたとき、上体がひねられた状態でラケットを引く姿勢になり、写真④、⑤のように<mark>手足が入れ替わる動きを利用してインパクトをします。</mark>片足を軸にしたスイングになるので、体幹を

左足を後方へ蹴りながらラケットを前方へ振り出す

左足

⑥　　⑤　　④

まっすぐに保つのが難しいはずですが、このようなシャドウスィングを実践することで、体の使い方の確認ができます。

　理想となるボディーワークとフットワークの実現には、このバランス感覚が非常に重要です。何度も練習しましょう！

バックハンドジャックナイフのベースになります！

左腕主導でラケットを持ち、後方に引く。上体が左へひねられる

左足

右足を軸にして、左足を前方へ蹴り上げる

右足

❸　　❷　　❶

ユニットターンではラケットヘッドを上げてテークバックしよう

ユニットターンでは、左足をセットすると同時に両ひじを体から離し、ラケットを立てながらテークバックします。そのとき、==ベースラインに対して肩が90度、腰が45度ひねられている体勢==が理想です。手打ちにならず、ボールにしっかりと回転をかけることができます。ですが、ラケットの位置には注意しましょう。ラケットを大きく引いたテークバックは振り遅れの原因になってしまいます。

OK

- ベースラインに対して肩が90度になるように
- ラケット
- 肩のライン
- ベースラインに対して腰が45度になるように上体をユニットターンする
- 左足セット

NG

- ラケットを大きく後ろへ引き過ぎると、振り遅れにつながる

インパクト直前までのスィング軌道はまっすぐ！

　右目でしっかりボールを見て、ボールの真後ろからラケットを振り出す意識をしましょう。このとき、打点は体の前にとるようにすることも大切です。"回内動作"を気にしてラケットを下げてしまうと、薄い当たりになってしまいます。

右目でしっかりボールを見て、打点を体の前にとる

"体の切り返し動作"と"回内動作"が
バックハンド完成のカギ!

　ストロークの一連の動作の中に、2つのテクニックを取り入れてみましょう。<mark>左股関節をかかとにのせるようなイメージ</mark>をもって、写真①のように斜め前に左足をステップします。そのとき、ユニットターンで上体のひねりをつくり、ラケットを立てながらテークバックすることは忘れないようにしましょう。

　そして、右足を踏み込み、打点を前にとってインパクトしていきます。一直線

ラケット

左腕の"回内動作"を利用しながら、ボールを体の前でヒットする

ラケット

フォロースルーの時は、左足を後方へ蹴り上げる

❻　❺　❹

のスィング軌道で、ボールを手のひらで捕球するような意識が大切です。ラケットは必要以上に前へ出さず、"回内動作"によってラケットヘッドを加速させながら、コンパクトなスィングを心掛けましょう。フォロースルーでは"体の切り返し動作"によって、右足に体重がかかり、左足は後方へ蹴り上がることになります。

"体の切り返し動作"と"回内動作"が、ダブルバックでも大切だよ！

上体を左側へユニットターンさせて、上体をひねりながら、ラケットを立ててテークバック

ラケット

腰

左足

❸　❷　❶

高い打点は肩の高さで打つべし！

　高い打点で打つときは、<mark>左肩を上げインパクトに向けて腕を肩の高さまで上げ、その高さのままレベルスィングをしていくこと</mark>が成功の秘訣です。

　打点が変わっても、上体のひねり戻しを利用して力を伝えていきましょう。フォロースルーでは"体の切り返し動作"によって、右足で着地をして、左足を蹴り上げる体勢になります。

高い打点のダブルバックハンドストロークは、左肩を上げ、肩の高さでレベルスィングをしていく

低い打点では
両ひざを曲げて重心を低くする

打点が低いときは、踏み込んだ右足のひざだけでなく、左ひざも90度近く曲げて重心を落とした状態でインパクトを迎えましょう。右足の上に右股関節をのせるような感覚で体幹のバランスをとりながら、ボールをしっかり持ち上げるようにしてトップスピンをかけていきます。前のめりにならないように、上体を起こして準備することも大切です。

❶

踏み込み足でないほうもしっかり曲げて、重心を落とす

❷

右股関節ブロックで体幹のバランスをとって、ボールをしっかり持ち上げよう

❸

❹

❺

45

右足軸の"歩く動作"で
ジャックナイフを打ってみよう

右足を軸にした"歩く動作"を空中で行うことで、ジャックナイフを打つことが可能です。右足でジャンプしながら、左ひざを上げてテークバックを完了させます。そしてラケットを振り出すとき、左足を後ろへと強く蹴りだしてパワーを

ラケット軌道

ラケットを振り出す時に、左足を後方へ蹴り出す

⑥　⑤　④

生み出します。
　体幹を鍛え、ジャックナイフを習得すれば、試合展開を有利に運ぶことができる大きな「武器」になるはずです。

サイドへ大きく振られたら"歩く動作"のフットワークで素早く戻ろう!

　サイドへ厳しい角度のボールを相手から打たれ、走り込んで打ち返す場面は試合中に何度も起きることです。不利な局面ではありますが、"歩く動作"のボディーワークとフットワークを利用してリカバリーしましょう!

　走り込んでインパクトするとき、最後に右足を踏み込んでボールを捉えることを意識しましょう。"体の切り返し動作"によって、相手の勢いに負けず、力強いボールを打ち返すことができます。

　フォロースルーでは、写真⑤の動きから左足で踏ん張ってブレーキをかけることがポイントです。写真⑥のような体勢をつくることで、センターに戻るための次の一歩を素早く踏み出すことができます。

左サイドに振られても、右足を踏み込みながら、ラケットを振り出せば、ボールを前で捕らえることができて打ち負けない

インパクト後は、左股関節ブロックをしてブレーキ。その反動を使ってコートのセンターへ戻る

左足

Lesson 3
シングルバックハンドストローク

シングルバックハンドストロークは、以前よりも打つ選手が少なくなってしまいました。しかし、今でもロジャー・フェデラーやマタン・バブリンカといった世界のトップ選手が武器としていることは印象的です。両手打ちよりもさまざまな球種を打ち分けられる器用さが持ち味です。どんな球にも打ち負けないためのラケットワークやボディーワークを学んでいきましょう！

シングルバックハンドも"歩く動作"が基礎になる!

"歩く動作"が、ボディーワークとフットワークのベースになることを常にイメージしてください。手足が交互に動いていく"体の切り返し動作"も忘れずに取り入れていく必要があります。基本は両手打ちと変わりません。P10でも説明したように、手足の動かし方を体に覚えこませましょう!

基本は両手打ちと変わらず、歩く動作がベースとなる

グリップは バックハンドイースタングリップ

コンチネンタルグリップよりも左側へ少し厚く握るようにします。自分のスィングに合わせて、グリップを変えていくことも大切です。

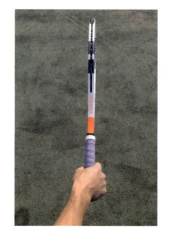

シャドウスィングをしてみよう!

　ラケットを持った状態でシャドウスィングをしてみましょう。

　写真①のように、左足を出したときに左肩を引き、上体が左側へひねられることでテークバックが完了します。

　写真②のように、右足を前へ踏み込んだときにひねり戻し（"体の切り返し動作"）が行われ、ラケットが勢いよく振り出されます。

　打ち終えたとき、体は開かないように注意しましょう。

① 左足を斜め前へ踏み、上体を左側へひねってラケットをテークバックする

② 右足を前へ踏み込んだ時に、"体の切り返し動作"でラケットを前方へ

③ 左足が後方へ跳ね上がる

ラケットワークの基本は"回外動作"

　肩からひじ、ひじから手首にかけての腕全体が外側に回転していく動きがストロークのパワーを生み出します！　イメージとしては、肩、ひじ、手首の順番に運動連鎖してひねり戻しが行われていきます。その回転の結果として、親指は最終的に外を向きます。

　この一連の動作を"回外動作"と呼ぶことにします。シングルバックハンドの基本となりますので、まずはこの腕の動かし方を覚えましょう！

① 上腕部が外側へ軸回転

② 連動しながら、ひじを基点として、前腕部と手首も外側へひねられるように回転　右ひじ

③

④ 右親指　親指が外側に向かって、最終的に親指が右斜め上側にいく。これが、"回外動作"だ

"回外動作"は"回内動作"の逆

　"回外動作"を身に付けるにあたって、P13の練習方法を応用していきます。

　"回内動作"を巻き戻すような一連の動作が"回外動作"となります。写真①のように、"回内動作"を終えた状態から、両腕を肩の高さまで上げます。そこから両ひじが地面に垂直になるようにし、両肩のラインを平行にします。その体勢のまま、親指が外側に入り込むように腕を回転させます。最終的に、腕は脱力しているときと同じ状態になり、親指は外側を向きます。

　この時、ひじの位置は固定されたままであることが重要です。ひじを自由に動かしてしまうと、ひねりを感じることができなくなってしまいます。

ひじの位置を固定して、前腕部を上げながら、親指が外側に入っていくようにする

この時、上腕部が外側へ回るのと連動して、前腕部と手首も外側へ回転する

両腕

左右の肩甲骨がくっつくようなイメージでラケットを振りきる!

　"回外動作"のフィニッシュとして、背中の肩甲骨がくっつくように意識することが大切です。体の開きを抑えることができます。この感覚があれば、ラケットを正しく振り切れている証拠です！

　"回外動作"と「肩甲骨」、ここではこの2点を注意しながらラケットを振っていきましょう！

肩甲骨

背中で左右の肩甲骨がくっつくようにして、"回外動作"でフィニッシュ

補助付きで前腕部の"回外動作"を練習してみよう

　ラケットを持って、右腕の前腕部の"回外動作"の練習をしてみましょう。

　ラケットを振るとき、肩からひじ、ひじから手首にかけて順番に動いていく感覚を覚えましょう！　この練習で気をつけてほしいポイントは「親指」です。インパクトにむけて親指が立ち上がるように腕を動かし、スィングが終わったとき、"回外動作"の結果として、親指は右斜め前を向くようになります。

　ゆっくりでいいので、ラケットの動き方と、腕の動かし方を何度も確認していくことが大切です。

② 上腕部が外側へ軸回転し、前腕部と手首が外側へひねられるように回転

③ ラケット軌道

④ 前方へ振り出す時に、親指が外側に向かう

テークバックは
ラケットヘッドを上げる！

　左足をセットしてテークバックを始めるときは、両ひじを体から離し、ラケットを立てた状態をつくることが重要です。腕には力を入れず、上体をひねるときには右肩にアゴがのるようにしましょう。背中を相手に見せるイメージです！

　ラケットを大きく引き過ぎると振り遅れの原因になります。体は回転させながらも、コンパクトなラケットワークを意識することが大切です。

左足をセットして、肩が90度、腰が45度左側へ、上体をユニットターンする

昔のようにラケットを大きく後ろへ引き過ぎると、振り遅れにつながる

"回外動作"で
ラケットを加速させよう！

　インパクトのあとは、右ひじを基点とした"回外動作"で弧を描くようなスィング軌道をとりましょう。ラケットを加速させて一気に振り抜くことができます。

　右腕を伸ばしたまま直線的なスィングで前へ押し出すだけではボールに勢いが伝わりません。写真①のラケットの位置まで、鋭く振りぬきましょう！

"回外動作"を使いながら、ラケットを加速させて振り切ろう

昔のように直線的にラケットを押し出すのはNG

ストロークは"体の切り返し動作"と"回外動作"の組み合わせ

"歩く動作"のイメージは、試合の中のボディーワークとラケットワークの核になります。左股関節をかかとにのせる意識で、軸足である左足をステップさせます。そのとき、上体をターンさせてひねりをつくることも忘れずに。そして、リラックスしながらラケットを立ててテークバックをします。

"体の切り返し動作"を使いながら、上体のひねり戻しでインパクトに向かい

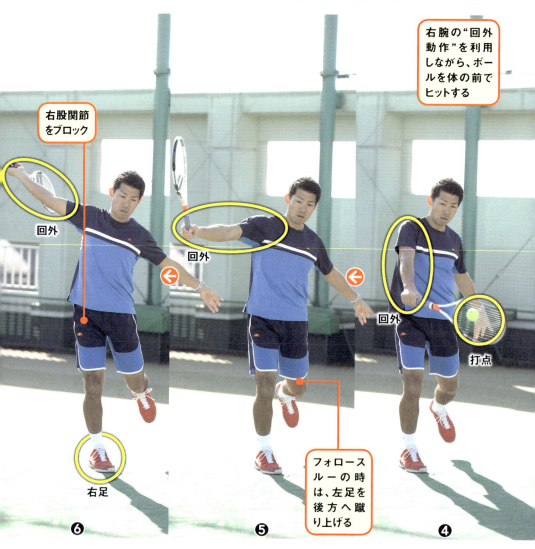

ます。右腕の"回外動作"で、ボールを手の甲で弾くようにヒットしていく感覚が重要です。そして、"回外動作"によってラケットヘッドを加速させて振りぬきます。

打点は体の前にとり、ラケットはコンパクトにスィングしていきます。インパクト直前までは一直線のスィング軌道を意識し、インパクトにかけては"回外動作"によって弧を描く軌道に変えていくイメージです。

フォロースルーでは右足に体重移動。左足を後方へ蹴り上げて前へ押し出す力を生み出します。

上体を左側へユニットターンさせて、上体をひねりながら、ラケットを立ててテークバック

肩90度

腰45度

左足

❸　❷　❶

高い打点は肩を上げて
"回外動作"を使って打とう！

　高い打点でのスィングは、パートナーに右ひじを押さえてもらいながら練習して感覚を覚えましょう！

　右肩を事前に高い位置にセットします。そして、右ひじを基点とした"回外動作"で、腰の高さのストロークと同じように、厚い当たりを実現させます。

"回外動作"がうまくいかないと
コントロールが利かない！

高く弾んだボールに直線的なスィングをすることはオススメできません。ボールへの抑えがきかず、インパクトをしてもボールの勢いに負けてしまいます。フレームショットになることも多く、シングルバックの代表的なミスといっても過言ではありません。しっかりと腕を振りぬき、ボールにスピンをかける意識を持ちましょう！

❶ ❷

❸ ❹

> 高く弾んだボールに対して、直線的なスィングでは抑えがきかず、ミスにつながりやすい

"回外動作"で
ラケット面を調節!

肩より高い所で打たされた場合、あまり力が入りません。そこで、右ひじ基点の"回外動作"でラケットを下から上へコントロールし、高い打点に合わせてラケット面を少し伏せながら打つことで安定感が増します! 高いボールに対して

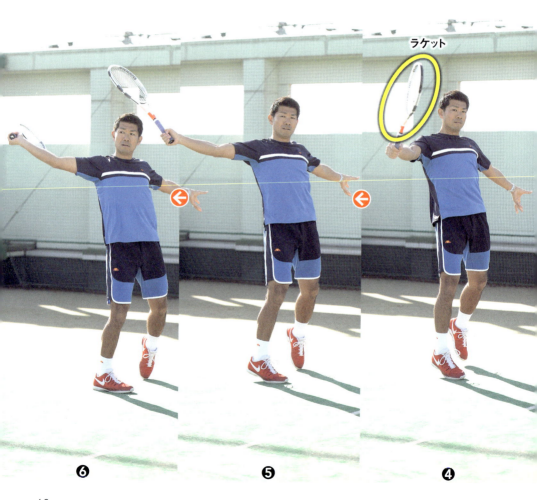

❻ ❺ ❹

も抑えが利き、トップスピン回転をしっかりとかけることができます。ラケット面でボールをつぶす感覚で打ち返しましょう。そのとき、顔の位置は動かさないようにして、ボールを見ることが大切です。

正しくラケットを加速させることができれば、スピンのかかった相手ボールにも打ち負けません。シングルバックハンドの高い打点は相手に狙われやすいので、時間をかけて克服していきましょう！

❸ "回外動作"を使って、右ひじ基点でラケットを下から上へコントロール

❷ 相手の高いボールに合わせて、ラケット面を調節しながら打点でも打ち負けないようにする。高いボールに対して抑えがきくし、トップスピン回転がしっかりかけられる

❶

低い打点は両ひざを曲げて重心を低くセット

打点が低いときは、踏み込んだ右足のひざだけでなく、左ひざも90度近く曲げて落とすことがコツです。

前のめりにならず、上体は背筋を伸ばすイメージで姿勢は良くしましょう。ネットにかからないように"回外動作"

> 右股関節ブロックで体幹のバランスをとって、"回外動作"を使ってボールをしっかり持ち上げながらトップスピンをかけよう

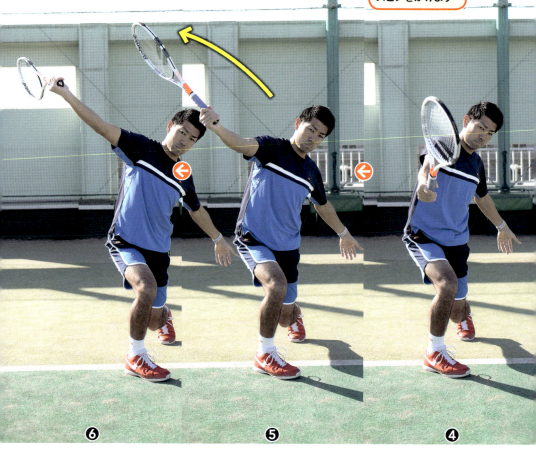

でボールの下からラケットを振り、トップスピン回転をかけます。フォロースルーでも姿勢が崩れなければ完璧です！

低い打点で打つ時は、右ひざだけでなく、左ひざもしっかり曲げて、重心を低くして打つ

❸ ❷ ❶

直線的なスィングは
低い打点の対処がむずかしくなる

腕を真っ直ぐに伸ばしたスィングをしてしまうと、低いボールをうまく持ち上げられずにミスショットにつながってしまいます。また、このスィングではラケットヘッドが加速せず、ラケット面をボールに当てるだけになります。トップスピン回転もうまくかけられず、ボールのコントロールが定まらないので、"回外動作"を常に意識することがシングルバックハンドでは必須です！

右肩支点で、右腕を伸ばしたスィングだと、ボールをうまく持ち上げられない

❶　❷

また、直線的なスィングだと、トップスピンをうまくかけられない

❸　❹

Lesson 4
フォアハンド ボレー

ラケットの性能が飛躍的に上がったことで、昔に比べてボレーをする機会が減ってしまったことは事実です。しかし、試合展開を有利に運ぶためにはボレーの技術は必要不可欠です。
最新のフォアハンドボレーの技術をぜひ習得し、ライバルに差をつけましょう!

"歩く動作"はボレーの基礎でもある!

ボレーでも"歩く動作"がボディーワークとフットワークのベースになります。

写真①のように、右足を踏みだしたときに右腕が後ろに引かれる動作が、フォアハンドボレーのテークバックに相当します。そして、写真②のように、左足を前に踏みだしたときに右腕が前へ振りだされる動きは、フォアハンドボレーのフォワードスィングの動きです。この"体の切り返し動作"を、ボレーにもしっかりと活かしていきましょう!

① 右足を前方に踏み出した時に、右腕が同時に後方へ

② 左足を前方に踏み出した時に、右腕が同時に前方へ

グリップはコンチネンタルより少し厚めに握ろう

一般的に教えられるボレーのグリップはコンチネンタルグリップです。しかし、相手ボールのスピードに打ち負けてしまうことが少なくありません。そこで、本書では==コンチネンタルグリップより少し厚めに握るグリップをオススメします。==ボレーはタッチの感覚が非常に重要なので、自分に最適なグリップがあれば他の方法も積極的に試してみてください!

コンチネンタルグリップより、少しフォア側へ厚めに握るグリップで打ってみよう

スィングはフレームを先行させる意識を持とう!

インパクトでは、ラケット面で押すように打つのではなく、ラケットフレームを先行させて、ボールの下に滑り込ませるようにしましょう。手首をガチガチに固めて打つのではなく、**手首を柔軟に動かせる状態のまま手のひらでキャッチするイメージ**が大切です。パートナーにボールをセットしてもらい、ボールへのラケットの当たり方を頭に入れておきましょう。

打球面の下側へラケットフレームを先行させて、練習してみよう

レベルスィングで厚い当たりを心掛けよう!

　右股関節をかかとにのせるイメージで軸足の右足をステップし、ラケットヘッドを立ててテークバックします。ラケットを後ろへ引きすぎると、振り遅れなどのミスショットにつながるので気をつけましょう。==右腕とラケットで「く」の字をつくる意識==をすると、ラケット面が安定します。

　左足を踏み込んで体重移動をしながら、ボールを迎えてインパクトします。このときはレベルスィングでの厚い当たりを心掛けましょう！ "体の切り返し動作"と相まって、ボールにパワーをすべて伝えることができます。体が前へ流れないように、体のバランスにも注意してください。

右足をセットして、左足を右斜め前に踏み込みながら重心移動をして、厚い当たりでインパクトする

❶　❷「く」の字　❸

インパクトに向けて ラケットヘッドは遅らせる

スピードのあるショットに対して打ち負けないボレーをするには、インパクトに向けてややラケットヘッドを遅らせてボレーをしてみましょう。手首に自由があるインパクトの方が打ち負けず、ボールの反発を利用することができます。シャープなボレーを打つためには必要なテクニックです。

ラケットヘッドを遅らせて、緩みのあるインパクトの方が、シャープなボレーを打ち返すことができる

❹　　　❺　　　❻

Lesson 5
バックハンドボレー

バックハンドボレーも同様に、戦術を広げるために必要になる大事なショットの一つです。両手でバックハンドストロークを打つ人でも、ボレーは片手で打つことがありますね。誰にも負けないバックハンドボレーの技術を、ここで身につけましょう！

"歩く動作"のおさらい

写真①のように、左足を前に踏みだしたとき、左腕が後ろへ引かれます。そのとき、左腕に右手を添えると、バックハンドボレーのテークバックの形になります。同様に、写真の②のように、右足を前へ踏みだしたとき、左手が前へ出てきます。このときの左手に右手を添えた形がインパクトの体の動かし方になります。

この"体の切り返し動作"をうまく利用していきましょう。

❶ 左足を前方に踏み出した時に、左腕が同時に後方へ動く

❷ 右足を前方に踏み出した時に、左腕が同時に右腕を添えて前方に動く

グリップはコンチネンタルグリップがおすすめ

一般的に最も力が入るとされている持ち方は、コンチネンタルグリップです。フォアボレーでコンチネンタルグリップより厚めに握っているプレーヤーは、そのままのグリップで対応しても良いと思います。

握り替えてしまうと、とっさのショットへの反応が遅れてしまうかもしれないからです。

バックハンドボレーでは、コンチネンタルグリップがおすすめだ

背中の左側に力を入れる感覚でラケットをセットしよう!

　左足をセットしたら、上体をかるくターンさせてテークバックを行います。そのとき、ラケットを体から離しすぎないことが大切です。グリップを肩や腰の近くにセットする意識をすることで安定感が増します。ラケットは打球方向に面を向けるようにして、打つ準備を済ませましょう。

ラケットを立てて、上体をユニットターンさせ、テークバック完了

左側の後背筋に力を入れることを意識してみよう

前傾姿勢はミスにつながる!

　高いボールや低いボールにラケットだけで対応しようとすると、体が前に傾いてしまいます。バランスを崩してしまうと、打点がズレてミスショットになります。"体の切り返し動作"でラケットが動き出すことを忘れず、ボールが懐に来るまで待ちましょう!

低いボールや高いボールに合わせて、上体が突っ込まないように

インパクトはレベルスィングで厚く当てよう!

左股関節をかかとにのせるイメージで軸足となる左足をステップインして、上体をひねりながらテークバックします。

左手でラケットのスロートを持ち、右手首とラケットで「く」の字をつくると、面の位置を固定することができます!

左足をセットして、右足を左斜め前に踏み込みながら重心移動をして、厚い当たりでインパクトする

ボールとの距離に合わせて、右足を踏み込んでインパクトを向かえますが、そのとき<mark>レベルスィング※で厚い当たりをすることを意識し、インパクトとほぼ同時に右足を踏み込みます。</mark>"体の切り返し動作"でボールにパワーを伝えましょう。

※ラケットの振り出しからフィニッシュまで、高さを一定に保って、スィングすること。

Lesson 6
スィングボレー
（フォアハンド＆バックハンド）

スィングボレーは非常に攻撃的なショットです。うまく打つことができれば、相手にプレッシャーをかけることができます。難しい印象がありますが、そんなことありません。意識するべきポイントを本書の中で覚え、試合で使える武器として磨いていきましょう！

フォアハンドスイングボレー

ラケットは
やや上向きにセットしよう

フワッと返球されたボールは決めようとする意識が先行して、ムリに強打してしまうことが多いと思います。そのとき面を伏せてしまい、ネットミスをしてしまった経験はありませんか。リラックスをした状態で、やや上向きにラケットをセットすることが重要です。

ノーバウンドのボールはストロークのボールと軌道がちがうので、集中をしてボールをよく見ましょう。

インパクトに向けて、ラケット面をやや上向きにセットする

❶

ラケット面を伏せぎみにすると、ネットミスにつながりやすい

❷

"回内動作"がキーポイント！
補助付きで練習してみよう

　パートナーに手伝ってもらい、腕の"回内動作"の復習をしてみましょう。写真①のように、右ひじを固定してもらいながら、テークバックからフォロースルーまでの流れを覚えます。しっかりとラケットを前へ押しだしていく動きが大切です。打点はなるべく高い位置を想定して練習してみることをオススメします。

パートナーに右ひじを固定してもらい、前腕部の"回内動作"を復習

打点はなるべく高い位置を想定してスィングボレーしよう

"体の切り返し動作"と"回内動作"を高い打点で実践してみよう!

"体の切り返し動作"と"回内動作"を使い、なるべく高い打点でボールを捕らえることができればスィングボレーは完璧です!

右足をステップインして上体をターンさせ、ラケットヘッドを立ててテーク

上体をユニットターンさせて、上体のひねりをつくり、ひねり戻しを使いながら、ラケットを振り出し、"回内動作"が始まる

右足のステップイン

❶ ❷

バックします。"体の切り返し動作"のひねり戻しと、インパクトでの"回内動作"の2つでラケットを加速させて振りぬきます。安定させるためには、どの打点が自分に最適なのかを見極めることも練習では大切です！

できるだけ高い打点で

> ラケットヘッドが加速したところで、なるべく高い打点でボールを捕らえてスィングボレーをする

バックハンドスィングボレー

左手だけのスィングで"回内動作"を確認

　肩の高さで左手だけのスィングをして"回内動作"のクセを覚えましょう。バックハンドという意識が強すぎるとアレコレと考えてしまいます。「左利きのフォアハンド」という意識で、ラケットを動かしてみてください。ラケットをやや上向きにして構えることも取り入れていきましょう。

　この"回内動作"ができれば、バックハンドスィングボレーの基礎は完璧です！

左手だけでラケットを持ったフォアハンドストロークのスィングをして、バックハンドスィングボレーに必要な左腕の"回内動作"の意識付けよう

❶
❷

❸
❹

体が開いて腰が回り過ぎないようにしよう

スィングでは体の開きが早すぎると腰が回り過ぎてしまい、スィングが直線的になってしまうので気をつけましょう。こうなると、思い通りにパワーが伝わりません。ボールが体の近くにくるまで、しっかり待つことが大切です。

体の開きが早く、腰が回り過ぎてしまうとミスにつながりやすい

打点はおへそから左斜め前

打点は体よりも前が理想です。おへその斜め前と覚えましょう！

打点は体の前にとって、しっかりパワーを伝えて行こう

打点が体の前になりすぎると、パワーロスが起き、体のバランスが崩れる

"体の切り返し動作"と "回内動作"を高い打点で実践してみよう!

　左股関節をかかとにのせるように軸足の左足をステップインさせ、上体のひねりをつくります。このとき、ラケットはヘッドを立てながらテークバックすることが大切です。"体の切り返し動作"でひねり戻しをしたら、右足を踏み込んでインパクトにむかいます。打点を前にとるように注意しましょう。左腕の"回内

フォロースルーの時は、左足を後方へ蹴り上げる

左腕の"回内動作"を利用しながら、ボールを体の前でヒットする

ラケット軌道

回内動作

高い打点で

左足けりあげ

右足

動作"で、打点を高くとりながらもボールには厚く当てることがパワフルなショットにするための秘訣です。左足で勢いをつけてジャンプした結果、インパクト後に右足で着地をして、左足は後ろへと蹴り上がります。

上体を左側へユニットターンさせて、上体のひねりをしながら、ラケットを立ててテークバック

左股関節をかかとにのせるように、左足をステップイン

左足

❸ ❷ ❶

Lesson 7
サーブ

サーブは自分から打てる唯一のショットであり、試合で最初に打つショットです。サーブがなければ試合が進まないため、最も大事なショットといえるでしょう。ですが、一般プレーヤーはサーブの練習時間が少ないようにも感じています。苦手意識を効率よく克服していくために、大事なポイントを詳しく見ていきましょう！

ウォーキング打法

サーブのカギを握る"ウォーキング打法"

サーブでは"歩く動作"を応用しますが、本書では"ウォーキング打法"と呼んでいくことにします！

右足を前に出したとき左腕が前へ出ます。その腕を、トスを上げるようなイメージで振り上げます（写真①②）。そして、

トスを上げるようなイメージで左腕を振り上げる

① ② ③

左足を前に出したとき、右腕が前へ出され、サーブを打つ体勢になります（写真③〜⑥）。この"体の切り返し動作"を活用すれば、サーブのボディーワークとフットワークが自然と身につけることが可能です。

このように、==歩く際に無意識に行っている動作を取り入れること==が、サーブを上達させるキーポイントとなります！

ウォーキング打法

左足を前方に踏み出し、右腕が前方へ振り出され、サーブを打つイメージになる

"ウォーキング打法"

P90～101ページの連続写真で "ウォーキング打法" を焼き付けよう!!

"ウォーキング打法"のシャドウスィング!

"歩く動作"と"体の切り返し動作"で、サーブのボディーワークとフットワークをマスターしよう

右足を始動すると同時に、左腕も前方へ振り出す

"ウォーキング打法"

上体ひねり

踏み込んだ右足が着地する寸前で、さらに上体がひねられる。左腕もさらに上げ、トスアップが完了した状態になる

右足

右足のかかとが着地する直前。左腕を伸ばし、上体のひねりが完成される

"体の切り返し動作"が始まる。ラケットのヘッドが下がり始める

右腕

上体のひねり戻しが進む。右腕が前へと出てくる

"ウォーキング打法"

ラケット

左足が右足を追い越し、右腕も顔の横あたりに振りだされる。ラケット面はインパクトの形をつくる

左足

左足が地面に着く寸前で、ラケットが振り下ろされる。左手は元の位置に戻る

"ウォーキング打法"

左足かかとが地面に着く。"体の切り返し動作"がなされ、ラケットが正面にくる

ラケット

左足

ボディーワークのイメージができるまで、連続写真を何度も確認し、体に覚えこませてください!

左足着地。ラケットを持った右腕は、フォロースルーの形に。

グリップは、少し薄めのコンチネンタルグリップで握ろう

==少し薄めのコンチネンタルグリップ==がサーブには最適です！　最もサーブの回転をかけやすいグリップとなっています。

ボールにまっすぐラケットを当てる意識から、グリップを厚く握ってしまうプレーヤーも少なくありません。しかし、それでは「羽子板サーブ」になってしまい、上達は見込めません。慣れるまでには時間がかかるかもしれませんが、コンチネンタルグリップのサーブ練習を心掛けましょう。

サーブの構えは大切なルーティン

サーブの構えは決して疎かにしてはいけません。自分で打ち始めるショットだからこそ、呼吸を整え、リラックスしながら臨むことが大切です。

ルーティンで代表的なものとして、==ボールを3回ほど弾ませてリズムをつくる==動作があります。一般のプレーヤーだけでなく、プロの世界でもこれは共通です。コースや球種を決めると同時に、心を落ちつかせる効果があります。構えは腹の前で行います。右腕とラケットで「く」の字をつくり、相手コートを見つめます。

ルーティーンでリズムをつくりながら、頭を整理して心を落ち着かせる

右腕とラケットでくの字をつくり、相手のサービスボックスの方を見つめる

トスアップのボールは
指の第三関節にのせよう

指の第三関節にのせることで、トスをまっすぐ上げやすくなります。ここでは決して力を込めて握らないことが大切です。本書でオススメはしませんが、コップを持つように親指と人差し指で掴むプレーヤーもいます。自分なりのボールの持ち方を見つけることも、上達につながりますよ！

左手の平、指の第三関節にボールを載せる

コップを持つようにして、親指と人差し指で持つ

トスは目線の高さで
リリースしよう

トスは目線の高さを超えたあたりでリリースすることが望ましいです。トスが安定しない人は、このリリースタイミングがバラバラになっていることがあります。リリースの位置を一定にして、常に同じ場所と高さにボールを上げられるように反復練習しましょう！ 左腕に力が入りすぎないように気をつけましょう。

目線の高さを超えたぐらいで、ボールをリリースすると、トスが安定する

トスは右斜め前に上げよう!

　トスアップしたボールは、必ず自分の前に落ちるようにしましょう。目安としては、右斜め前に30cm、おへそ斜め45度の位置が最適です。パワーロスすることなくボールに力を伝えることができます。

　上手い人はトスアップの位置でサーブの球種を読んでくることがあります。リターンで先手を打たれてしまうことは避けたいですね。トスの位置を変えずにさまざまな球種を打てるようになることが理想です。

右斜め前方30cm、トスの落下地点にボールを置いて、確認してみよう

ボールを置いて、おへそから右斜め前方45度の位置を確認

大きなボールで"回内動作"を身に付けよう!

サーブでも腕の"回内動作"が非常に大切です。動作を覚えるため、両腕を使って大きなボールを弾ませてみましょう。

ひじから手首までを動かしながら、親指が内側に入っていくように腕を回転させます。ひじの位置は固定し、最終的に親指が下を向くようになります。肩からひじ、ひじから手首までが連動して回転している感覚を、ここで養いましょう。

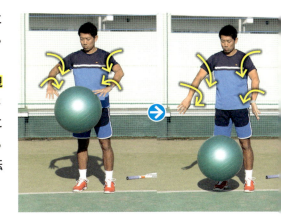

ラケットの中心を感じて"回内動作"を練習しよう!

ラケットの中心となるスロートをつかんで、ラケットヘッドとグリップエンドの位置が入れ替わるように動かしてみましょう。肩より高い位置で腕を動かし、右ひじは固定したまま練習することが大切です。右ひじを基点とすることで、"回内動作"がどのように行われているかが理解しやすくなります。

サーブを想定して、肩より高い位置で"回内動作"が行われることを覚える

パートナーと"回内動作"の練習をしよう！

　パートナーに補助に付いてもらい、ラケットワークを練習してみましょう。肩より高い位置にはなりますが、"回内動作"としては、ストロークと同じ要領です！

　ここでも右ひじを固定してもらいながら、ラケットでの"回内動作"を練習しましょう。右ひじを基点に、ラケットの一連の動かし方をチェックします。

サーブ用に肩より高い位置で、パートナーに右ひじを固定してもらう

基点

シャドウスィングで
ラケットワークを習得しよう!

テークバックでは "回内動作" をする

右ひじを右肩と同じ高さにした状態で "回内動作" を行う

回内動作

❶

右ひじ90度、右わき90度のトロフィーポジションを保つ。右の大胸筋を広げることがのちにパワーとなる

❷

"回外動作"でラケットヘッドを落とす

❸

❹

右ひじでボールを指すような姿勢をつくることで、自然にラケットが落ちる

回外動作

右ひじが右肩の上にくる。右大胸筋にパワーが蓄積され、ボールにそのパワーを伝えるイメージ

❺

"回内動作"でインパクト

回内動作

右腕を振り上げ、"回内動作"を利用して鋭くインパクトする

❻ ❼

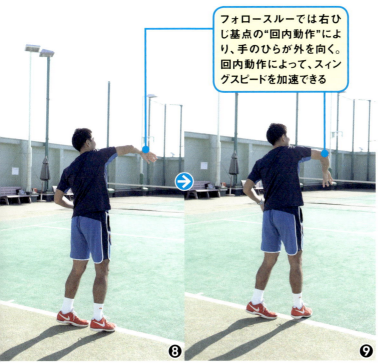

フォロースルーでは右ひじ基点の"回内動作"により、手のひらが外を向く。回内動作によって、スイングスピードを加速できる

❽ ❾

ラケットワークとボディーワークを連動させよう!

"回内動作"と"回外動作"によるラケットワークと、"体の切り返し動作"によるボディーワークをうまく組み合わせれば、サーブの威力・安定性はグッと上がります。

そして、すべてを一緒に行うことで、"ウォーキング打法"によるサーブが完成します。(P110～117、二方向からの連続写真)。

まず、左腕でトスを上げるときに、上体のユニットターンを行いながら、右足を左足の方へ引き寄せます。

トスを上げて、上体をユニットターンさせて、上体のひねりをつくる

side

back

テークバックでは、右腕の"回内動作"を行いながら、ラケットを立ててトロフィーポジションといわれる形をつくります。右ひじは、体から離し、右肩と同じ高さを保ちます。右大胸筋を広げてパワーを蓄積させます。"体の切り返し動作"によって、右股関節に体重をのせる形になります。

"回内動作"を使ってテークバックして、ラケットを上げる

side

右ひじは、右肩と同じ高さで

右足重心になり、右かかとの上に右股関節が乗るような感覚で

back

ラケットのヘッドダウンがうまくいかない人が多いかもしれないが、右ひじを肩より高い位置に移す時に、右腕の"回外動作"を使えば、ラケットヘッドを背中の方へ落とすことがうまくできるようになります。

"回外動作"によってラケットヘッドダウンを行い、右ひじがさらに高い位置へ

side

back

右股関節でつくったタメと右足からの蹴り上げを利用して、力強いスィングにつなげていきます。同時に、上体のひねり戻しも開始させて、ラケットの振り上げを始めましょう。右腕の"回内動作"も始まります。

> 上体のひねり戻しを使いながら、ラケットを振り出し、"回内動作"も始まる

side

back

インパクトに向けては、右ひじ基点の"回内動作"を使いながら一気にラケットを振り上げていき、ラケットヘッドを加速させていきます。このとき体が開いてパワーロスしないように、左腕を胸の高さに引き寄せていきます。

"回内動作"が続き、ラケットヘッドが加速して、スィングが最高速の時にインパクトを迎える

side

右ひじ基点の回内動作

back

"回内動作"によって、スィングスピードが最高速になる辺りで、インパクトを迎えます。右ひじを高い位置に保ちながら、そこを基点にした"回内動作"によるフォロースルーへつなげていきます。

"体の切り返し動作"によって、右腕が前方へ振り出され、左足も前方へ

side

back

右ひじ基点の"回内動作"によるフォロースルーが行われ、グリップを握っている親指が体の内側へ入るようにしていきます。同時に、"体の切り返し動作"によって、右足が後方へ蹴り上げられます。

右ひじ基点の"回内動作"によるフォロースルーが行われる

side

back

"体の切り返し動作"によって、左足着地となり、右足は後方へ大きく蹴り出されてフィニッシュします。そして、右ひじを高い位置に保って、ラケットが振り下ろされるのは、あくまで右腕の"回内動作"を伴った結果です。右手首だけで振り下ろすのは、けがにつながりやすいのでやめましょう。

左足着地をし、右足が後方へ蹴り出されて、フィニッシュ。"体の切り返し動作"も完了する

side

back

インパクトでのラケットの当たり方を球種別に覚えよう！

サーブの球種は、本書ではフラット・スライス・スピン・ツイストの4種類に分類します。それぞれのサーブで、どのようにインパクトのかたちが変わるのかを見ていきましょう！

フラットサーブはボールの真正面からラケットが当たります。直線的にインパクトするので、回転はほとんどかかりません。

スライスサーブはフレームでボールの

フラットサーブは、ボールの真後ろからラケット面が真正面に当たる

フラットサーブ

斜め上をとらえるようにインパクトします。イメージとしては時計盤の1時の方向にラケットをチョップするように当てて下方向に振り、弾んでからサイドへきれていくサーブとなります。

スピンサーブはボールの2時方向をとらえ、斜め上にスィングしていくことになります。バウンド後は、ボールは高く跳ねるサーブになります。

ツイストサーブはボールの6時方向にラケットを滑り込ませ、強烈な順回転をかけるサーブです。

スライスサーブ

スライスサーブは、時計盤で例えると、ボールの1時から2時ぐらいに当たる

スィングが最も速くなるタイミングでインパクト

　フラットサーブを打つには右腕の"回内動作"がとても重要になります。

　"回内動作"でスィングが最も速くなるタイミングを見極め、ボールの真後ろでインパクトする意識を常にもちましょう。回転は他のサーブに比べて弱いので、<mark>打点も高いところで設定する</mark>ことが大切です。

"回内動作"によって、ラケットのスィングスピードが最高速になったところで、ラケット面を、ボールの真後ろから衝突させる

【フラットサーブ】

フレームを縦に入れて1時方向をチョップ！

"回内動作"で手首を完全にかえす前にインパクトすることが大切です。その結果として、フレームが先行して 1〜2 時方向をチョップ するような形になります。フォロースルーではラケットを体に巻きつけず、しっかりと体の右側に振りだします。

① ② ③

【スライスサーブ】

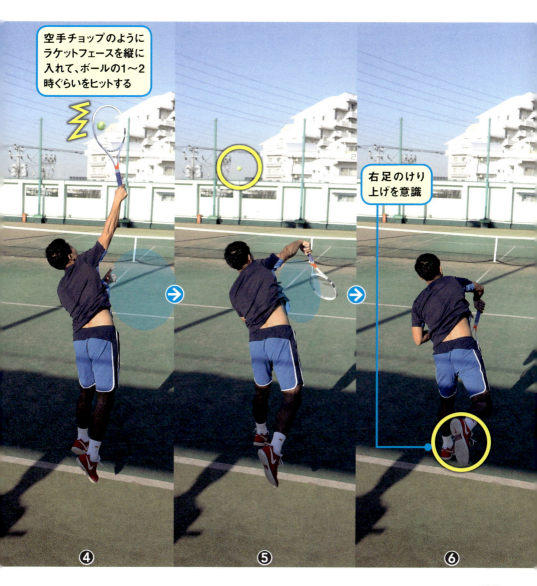

横方向のスィングを意識しよう！

2時方向を目安にしてインパクトします。体の開きをおさえながら、"回内動作"で横方向へスィングしていきましょう。

高く跳ねる特殊な軌道を描きます。他のサーブとトスの位置を変えずに打てるようになれば、相手にとって返球の難しいサーブになるでしょう！

> 時計盤の2時ぐらいを目安にして、やや右横方向へのスィングでボールをヒット

① ② ③

【スピンサーブ】

④　　　　　　　　　　⑤　　　　　　　　　　⑥

山なりの軌道を意識しよう!

6時方向を目安にして、ボールにトップスピンをかけるイメージが必要です。ボールは山なりの軌道を描き、バウンド後は右方向に跳ねます。横方向に鋭く振りぬき、フォロースルーでラケットは自分の足にきます。

> 時計盤の6時ぐらいを目安にして、ボールをヒット

【ツイストサーブ】

④　　　　　　　　⑤　　　　　　　　⑥

Lesson 8
スマッシュ

スマッシュはポイントを決めるショットというイメージは強いと思います。しかし、試合では打ち頃のロブばかりが上がるわけではなく、さまざまな高さや深さのロブがあります、どんな状況にも対応できる打ち方やフットワークをこの章で習得し。百発百中のウイニングショットにしましょう!

グリップは
コンチネンタルリップで握ろう!

スマッシュはコンチネンタルグリップが適しています。可動域が広く、腕や手首の"回内動作"を無理なく行えます。

ミスを恐れて厚く握ってしまうプレーヤーも少なくありません。しかし、それでは上達は望めません。さまざまなボールに対応できるようになるため、握り方のクセをつけましょう!

テークバックは
右足に体重をのせよう

右足に、右股関節と右肩を載せるようにして、パワーをためる

テークバックは、**構えた右足に右股関節と右肩をのせるような意識**でバランスをとりましょう。こうすることで重心が低くなり、下半身のパワーを存分に発揮することができますよ!

胸を張り、左手でボールを指す

　スクエアスタンス※をとり、右ひじと右わきが90度になる体勢をつくります。

　それと同時に、**落下してくるボールを左手で指差す**ようにしましょう！ ボールとの距離感をつかむために役立ちます。

　また、両腕を上げたときに胸を張ってタメをつくることも大切です。胸の筋肉が縮む力を利用してスマッシュを打っていきます。

落下してくるボールを左手で指差す

胸を張ってタメをつくる

※テークバックして構えた時に、左右両肩のラインが、ネットに対して垂直になるスタンス。

上体のバランスは
下を向かないことがコツ

　ロブに素早く反応してボールに追いつくには、あごを上げて目線を上にし、ボールをしっかり見なければいけません。しかし、日常的な動作ではないので、慣れないと案外難しかったりします。

　そこで、サッカーボールを使います。胸と額でリフティングをしてみましょう。バランスをとるために自然と胸が起きて、顔と目線が上を向きますね。この上体のバランスをとる意識がスマッシュでも大事なポイントになります！

胸でリフティングをして、胸を起こす

胸

額でリフティングをして、顔と目線を上に向ける

インパクトはしっかり
"回内動作"でラケットを加速させよう

ラケットを振りだすとき、右ひじは肩よりも高い位置となります。ラケットヘッドを落とし、腕と手首の"回内動作"でボールに対してまっすぐなインパクトをむかえましょう。このときグリップが厚いと、手首がかえされないのでボールに力が伝わりません。

サーブの時と同様に、テークバックの"回内動作"、ヘッドダウンの"回外動作"、インパクトでの"回内動作"が連動します。腕の回転を常に意識しましょう！

左右の腕の入れ替えは必須テクニック！

　スマッシュのインパクトでは、ボールを指差した左腕を下げると同時にラケットを振り始めます。この腕の入れ替えが体のバランスに直結するので、ここで必ず覚えましょう！　そのとき、体が開かないように左腕は胸の位置におきます。

　"回内動作"で、勢いよく振りぬきましょう！　後ろ足となる右足は、体重移動の結果として蹴り上げられていることが理想です。

左右の腕の入れ替えを行い、左足をステップインして思い切りスマッシュする

① ② ③

左足

左腕を下げる

体が開いてしまうと、パワーロスをしてしまい、威力のあるスマッシュにならない

インパクトやフォロースルーでの"回内動作"と"体の切り返し動作"もきちんとやろう

左腕を胸の前へ

④ ⑤ ⑥

サイドステップ

　スマッシュにおけるサイドステップとは、体の横向きをキープしたままスクエアスタンスで前後に動くことをさします。イメージとしてはカニ歩きのようになるので、決して移動速度が速いわけではありません。2〜3歩動いて落下地点に入ることができるボールに対して使用します。

体を横向きにして、カニ歩きのようなステップで前後へ動く

クロスステップ

　こちらは、移動距離が多いスマッシュのときに使うステップとなります。相手のロブが深い場合、サイドステップでは間に合わないことがあります。

　そんなときには足を交差させて、横向きのまま走るようなイメージで後ろへ下がることを意識してみましょう。サイドステップより速く落下地点に入ることができます！

❶　　　　　　　　　　❷

左足を右足の前に交差させて、後ろへ下がる

❸　　　　　　　　　　❹

ネットから近い位置では踏み込み、遠い位置では右足ジャンプ

ネットに近い位置（サービスライン付近）で打てるスマッシュはしっかり左足を踏み込み、ボールに全体重をのせるようにしましょう。"回内動作"でラケットを加速させ、"体の切り返し動作"でひねり戻しの力を伝えます。

一方、ネットから遠い位置（サービスラインより後ろ）で打たなければいけないスマッシュは、右足でジャンプをしてボールとの距離を詰めましょう。厳しい体勢で打つことになるので、**相手コートへ深く返すことを優先する**意識が大切です。左足で着地をし、次の返球の準備をします。

左足を踏み込む

ネットに近い位置では、しっかり左足を踏み込んで、たたきつけるようなスマッシュで

① ②

① 右足ジャンプ

② ネットから遠い位置では、右足踏みきりでジャンプして、深さ重視のスマッシュで

③

④ 左足着地

141

スィング可動域は350度!

　スマッシュのスィング可動域は、ラケットヘッドが下がった状態からフォロースルーの形まで、だいたい350度です。

　横から見るとラケットヘッドが動いた範囲がわかりやすいと思います。これだけ自由にラケットが動かせるのは、"回内動作"によってスィングしているからです。グリップが厚いと180度ほどの可動域になってしまい、スィングスピードの向上につながらないことがわかります。自分のスィングが窮屈になっていないかを確認してみましょう。

ヘッドダウンからフォロースルーまでラケットヘッドが350度動き、スマッシュのスィング可動域は大きい

スィング軌道

350度

① ②

Lesson 9
現代テニスで勝ち抜くための必須テクニック

試合で勝ち抜くためには、基本的な技術だけでは足りません。パワーに頼るのではなく、コントロールやボールのペース、ポジショニングなど、絶えず考えながらプレーできるようになることが求められるのです。
本書でのさまざまな応用技術や戦術を練習し、どんな状況にも対応できる柔軟さを身につけていきましょう！

打点を前にとること

相手の時間を奪おう!

　打点を前にとることで、相手の時間を奪うことができます。打点が後ろのときと比べてボールをしっかり押し出すことが可能なので、相手に構える余裕を与えさせません！

　打点の位置としては、真正面を12時と仮定したときの時計盤でイメージしましょう。フォアハンドストロークは**1～2時**を目安に、バックハンドストロークは10～11時を目安にすると、ショットの鋭さが増します！

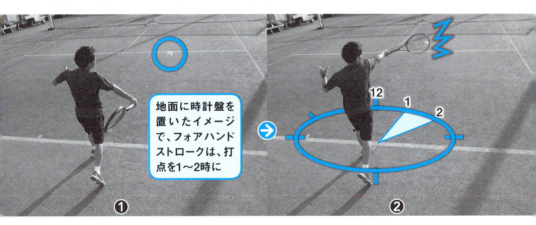

地面に時計盤を置いたイメージで、フォアハンドストロークは、打点を1～2時に

① ②

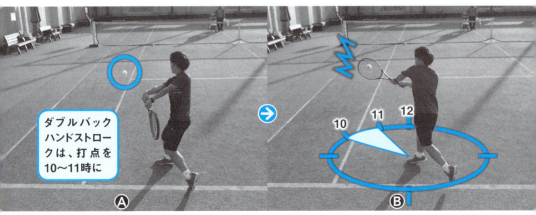

ダブルバックハンドストロークは、打点を10～11時に

Ⓐ Ⓑ

正しいボールへの入り方を覚えよう!

　ベースラインと平行に動きながら打ち合い、サイドの際どいボールに対して振り遅れてしまうプレーヤーは少なくありません。ありがちなミスを防ぐためには、ボールの正面で準備する意識が大切です。横方向ではなく、ボールへの最短距離へ右斜め前へステップインしましょう。

　写真②のように、しっかりと左足を踏み込んで、打点を前にとってコートの内側に入れるような体重移動が理想です。

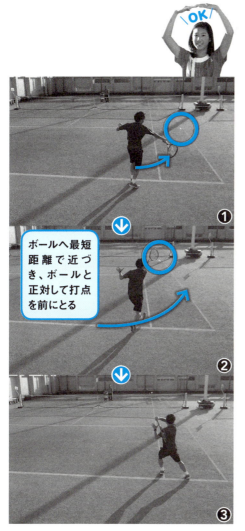

ボールへ最短距離で近づき、ボールと正対して打点を前にとる

ベースラインと平行に動くと、打点が遅れてしまう

スライスでチェンジオブペース

フォアハンドスライス

　ラリー中にスライスを混ぜることで、相手のリズムを崩すことができます。トップスピンとのスピード差と低い打点により、ミスを誘う使い方ができます！

　また、深いボールや角度の厳しいボールに対するディフェンスとしても有効で、滞空時間の長いスライスで、ポジションに戻る時間を稼ぎましょう。

　グリップはストロークの状態のまま打てることが理想です。咄嗟の判断にも対応することができるからです。打点を前にとり、ラケットを上向きにしながらレベルスィング※でインパクトしましょう。

ラケットヘッドを遅らせて、ラケット面を上向きにしてレベルスィングする

※ラケットの振り出しからフィニッシュまで、高さを一定に保って、スィングすること。

バックハンドスライス

　バックハンドは、フォアよりもディフェンスの目的で打つことが多いです。なので、リーチの長い片手でのスライスをオススメします！

　テークバックでは右手側の肩甲骨を張るようにして、体をターンさせます。フォロースルーにかけて両側の肩甲骨を中央へ寄せますが、そのとき体の開きは抑え、横向きをキープするようにしましょう。

　打点は真横をイメージしてください。ボールを呼び込むようにして待ち、レベルスイングでテークバックの回転をボールにぶつけます。

肩甲骨が離れるのと近づくのを意識して、バックハンドのスライスを打ってみよう

サイドスピンをかけて コートを広く使おう!

スライスのチェンジオブペースは、横回転をかけるサイドスピンによってコートの外側に弾ませることも効果的です!

フォアハンドであれば右から左へ切るようなスィング軌道で、バックハンドは左から右へ切るようなスィング軌道でインパクトしていきます。バウンド後は相手から逃げるように外側へと滑るので、ミスを誘いやすくなります。

ペースを乱すだけでなく、相手を外に追い出してオープンコートをつくることもできる戦略的なショットです!

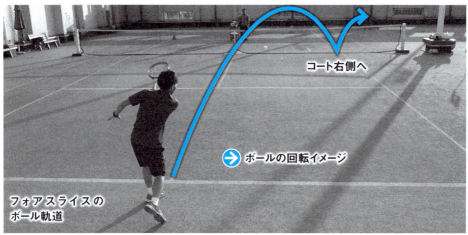

フォアのスライスで、右から左へ切るようなスィングを加味して打てば、相手コートで右外へ弾んでいく

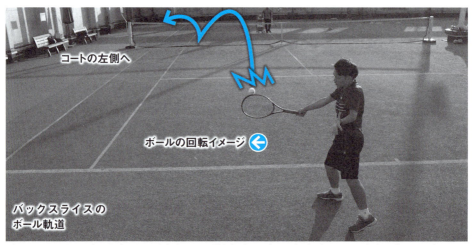

バックのスライス、左から右へ切るようなスィングを加味して打てば、相手コートで左外へ弾んでいく

ドロップショットで主導権を握る

ドロップショットは打つ直前まで隠しておこう

　相手の不意を突くのに最も有効なショットともいえるでしょう。ベースライン後方まで相手を下げた状態でドロップショットを打てば、体勢を崩すことができます。長い距離を走らせることにもつながるので精神的にも優位に立てます。

普通のショットと同じ構えで、打つ直前に少し薄めにグリップチェンジをする

ボールの勢いは吸収しよう!

　スィングの幅は変えず、力の調節でコントロールしていくことが大切です。前足を踏み込んでインパクトした瞬間に、ラケットをボールの斜め下へ入れてボールの威力を殺します。手のひらでボールを転がすような優しいタッチが必要です。

前足を踏み込み、インパクトの瞬間に、ラケットフェースをボールの斜め下へ入れていく

ドロップショットを相手に返球されたときに、予測対処が大切

　たとえ拾われたとしても、低い打点で打たせるのは有利な状況にあります。しかし、準備を怠っていると相手に角度をつけられてしまう可能性もあります。返球パターンを予測して、対処法を決めておきましょう！

　ドロップショットの処理として、ネットの中央を通してバックのショートクロスへ落とす返球が王道です。しっかりと自分も前に詰め、バックボレーでオープンコートに決めましょう。

　相手がロブを上げてきた場合、慌てずに下がってスマッシュを打ち込みましょう。最初から詰めすぎているとロブの対処が難しくなるので、相手の体勢を見て判断することが大切です。

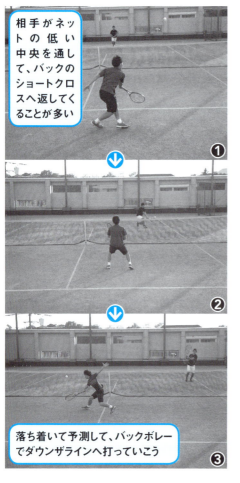

相手がネットの低い中央を通して、バックのショートクロスへ返してくることが多い

落ち着いて予測して、バックボレーでダウンザラインへ打っていこう

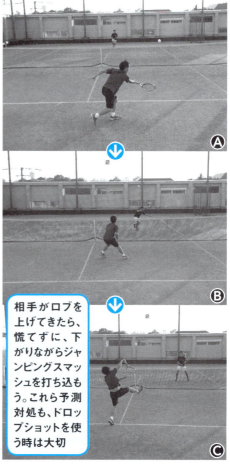

相手がロブを上げてきたら、慌てずに、下がりながらジャンピングスマッシュを打ち込もう。これら予測対処も、ドロップショットを使う時は大切

相手を前後左右に振りまわすテクニカルショット

深く弾むトップスピンと浅く弾ませないフラットを組み合わせよう

相手のリズムを崩すために、①トップスピンで山なりの軌道かつ深く弾むボール②フラットで直線的な軌道かつ浅く弾ませないボール。この2種類の打ち分けを状況に応じて取り入れていくことが必要です。この緩急をつけることで、相手のミスを誘うことができます！ ここでは代表的な8パターンを見てみましょう。

①自分が深い位置から、フォアハンドのトップピンで深く山なりにクロスへ打つ

②自分が深い位置から、フォアハンドのフラットドライブで直線的にショートクロスへ打つ

③自分が浅い位置から、バックハンドのトップスピンで山なりにダウンザラインへ深く打つ

④自分が浅い位置から、フォアハンドのフラットドライブで直線的に逆クロスへ打つ

⑤ 自分が深い位置から、フォアハンドのトップスピンで、山なりにダウンザラインへ深く打つ

⑥ 自分が浅い位置から、バックハンドのフラットドライブで、直線的にダウンザラインへ浅く打つ

⑦ 自分がバックサイドへ振られた位置から、バックハンドのフラットドライブで、直線的にダウンザラインへ浅く打つ

⑧ 自分が浅い位置から、フォアハンドのトップスピンで、山なりに逆クロスへ深く打つ

相手のポジションを下げる

ベースラインからラケット2本分の深さにコントロールしよう

深く弾むストロークを打って相手をベースライン後方へ釘付けにすることで、自分から楽に展開させることが可能になります。普段の打点で捉えられていない場合は浅いボールが返ってくることが多いので、こちらのミスも少なくなります。ストロークの目安としては、ベースラインからラケット2本分の深さに打ち続けられることが理想です。練習では20球連続コントロールなど、実際の試合を意識して挑戦してみましょう！

トップスピン系のストロークを深く打って、相手をベースライン後方へ下がらせる

ボール軌道

相手コートのベースラインから、ラケット2本分のスペースに、ストロークに深さをコントロールする

対戦相手が、ベースライン後方で、高い打点で返球させられると、浅いボールが返って来る可能性が高い

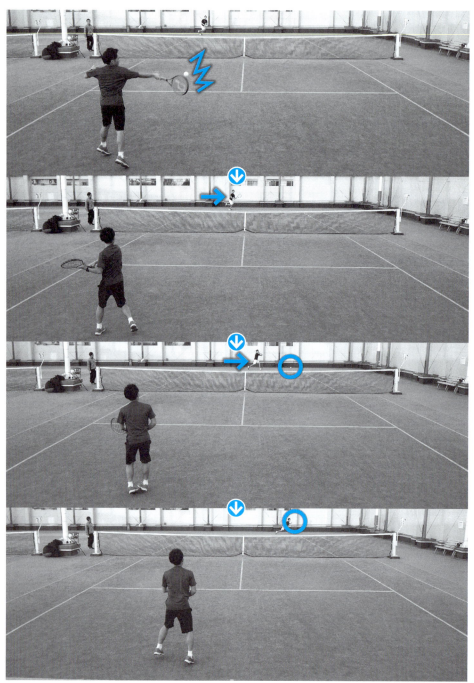

対戦相手は、ポジションをベースラインから下がらされたうえに、コートの左右に振られるとミスが多くなる。また、たとえ返球できても、コースをコントロールできず、こちらが優位に立てる

相手に予測をさせない

打つ前の一瞬の間で
相手の足を止めよう

　間をとって打つことで、何気ないストロークからもチャンスをつくることが可能です！　テークバックしたとき、左肩をしっかりと入れて時間をつくり、打つコースを隠します。相手はどちらにくるか分からないので、その場で足を止めるしかなくなるのです。自分にとって有利な駆け引きを一方的に押しつけることができます。

　早く攻めたい気持ちをぐっとこらえて、急ぎすぎないことがコツです。ボールを呼び込みましょう！

ほんの一瞬、間をつくる

相手は足が止まる

間をつくることは、ショットへのためをつくり、相手に打つコースを隠すことができる

シングルスでは、間をつくって、右足重心で打つことで、対戦相手はコースを読めなくなる

ダブルスでも相手前衛の動きを止めることができる

　間をとりながら打つことは、ダブルスにおいても有効です！　前衛の動きを止めたり、逆をついたりすることができます。

　例えば、フォアハンドのパッシングショットを打とうとしたとき、ボールを呼び込んで間をつくったとします。すると、相手前衛はコースを読めなくなり一瞬足が止まり、ポーチに出るかどうかを迷います。その混乱した状態なら、センターへ打って相手ペアの間を抜くショットを決めることも可能です！

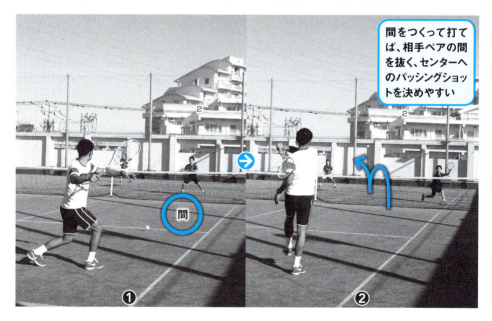

間をつくって打てば、相手ペアの間を抜く、センターへのパッシングショットを決めやすい

間をつくると、相手前衛はコースを読めなくなってしまい、一瞬足が止まる

相手のタイミングをはずす

球種やスピードを変えて的を絞らせないようにしよう

　ストロークのスピンやサーブの球種は、意識して変えていくことで相手を惑わすことができます！

　例えば、速いフラットサーブと滑るスライスサーブを組み合わせると、レシーバーは2通りの対策を考えなければならないために反応が遅れます。

　また、速いストロークと遅いストロークを組み合わせることも効果的です。ただ速いだけでは相手も徐々に慣れてしまいますので、山なりの軌道やスライスも混ぜていきましょう。相手も簡単に強打はできなくなります。

デュースサイドからは、ワイドへのスライスサーブとセンターへのフラットサーブを組み合わせる

相手がタイミングを奪われて、フラットサーブでサービスエースを取りやすくなる

アドサイドからは、ワイドへのスピンサーブとセンターへのスライスサーブを組み合わせる

スライスサーブでサービスエースを取りやすくなる

フォアハンドストロークのトップスピン（写真①、②）を多用している中で、フラットドライブ（写真③、④）を打つと、相手は緩急によってタイミングを奪われる

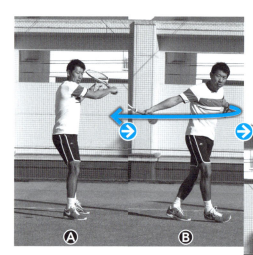

バックハンドの低い弾道の滑るスライス（写真A、B）と、高い弾道で止まって変化するスライス（写真C、D）の2種類のスライスを組み合わせると、相手はタイミングを外される

ポジションを状況に応じて変える

二等辺三角形の底辺の中心に立つイメージをもとう!

基本的に、自分は相手と対角線上にいることが大切です。そして、ボールの軌道を辺と見立てた二等辺三角形の底辺の中心で構えると、ボールへの反応が飛躍的に良くなります! 特にリターンのときには必ず取り入れてほしいテクニックとなっています。相手に対して体を正対させて向けることが大切なので、体がネットに対して垂直になった状態で構えてしまわないように気をつけましょう。

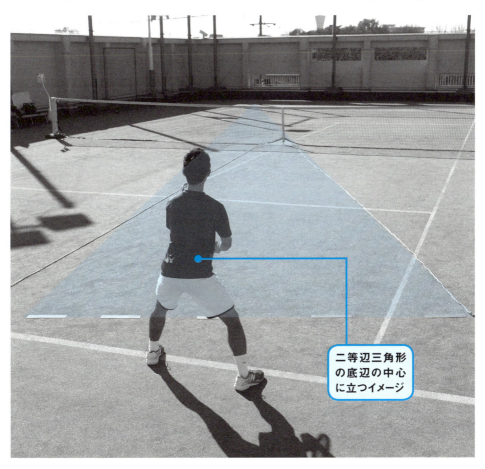

二等辺三角形の底辺の中心に立つイメージ

ライジングショットに挑戦してみよう

ベースライン付近でプレーしているだけでは、試合ではなかなかポイントにつながらないこともあります。そんなとき、ボールがバウンドした直後に踏み込んで打つライジングショットで変化をつけていきましょう。ボールの軌道上にしっかりと体を入れながら、ベースライン内側へとポジションを上げます。テークバックはいつもよりコンパクトにして、振り遅れないようにしましょう。

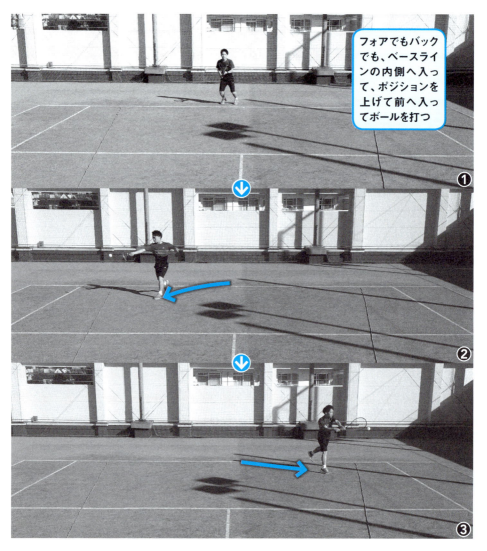

フォアでもバックでも、ベースラインの内側へ入って、ポジションを上げて前へ入ってボールを打つ

フォアの回り込み逆クロスで ポジションを前にとろう

フォアハンドの回り込み逆クロスを打つことで、自然に自分のポジションを前にとることができます！ ボールの軌道に向かって少し膨らみながら近づき、アドサイドコートの内側へステップインします。

ロジャー・フェデラーなどが得意としているショットです。相手の体勢を崩したと判断したら、すかさずネットに詰めていく動きも組み合わせていきましょう！

アドサイドコートの中へ入ってステップインし、回り込みフォアの逆クロスを打つ

超攻撃的リターンダッシュ "セイバー"を試してみよう

"セイバー"は、ロジャー・フェデラーが生み出したリターンダッシュです。相手サーブをサービスライン近くでハーフボレーのように打ち返し、ネットプレーにつなげていきます。難しいショットではありますが、サーバーにプレッシャーをかけ、ゲームメイクすることが可能になります。ぜひトライしてみましょう！

攻守のバランスを考える

ねばり強く守ってチャンスを窺おう！

バックが苦手な選手へ、バックへ攻撃し、浅くなったところをスウィングボレーで仕留める

相手が、フォアでショートクロスへ打って来たら、こちらもポジションを上げて、ショートクロスへ切り返していこう

深いボールを打ったら自分のポジションを前へ上げて攻める準備を整えます。反対に、深いボールを打たれたら後ろへ下がって守備的な返球を心掛けます。試合では常に攻守のバランスを考える必要があるのです。

仮に相手がバックハンドを苦手としていた場合、ラリーではバックハンドに集めて返球が浅くなるのを待ちます。ストロークが甘くなったら徐々に前へと詰め、攻撃に転じてボレーで決めることができます（写真①〜④）。

その展開を相手が嫌ってフォアの逆クロスで強引にきたら、空いたスペースに決めることも可能です。相手に負担をかける守備を常に意識し、いざ攻撃に転じるときは、勇気をもって振りぬきましょう！

深いボールは
ラケット3〜4本の高さを通そう

深いボールは地面からラケット3〜4本の高さをネットで通過するようにコントロールしていきましょう。その高さからスピンでコート内におさめることで、相手にとって返球の難しいショットになります！

この深さを継続できれば、自分から攻めることのできるチャンスが必然的に増えます。また、深いボールを打ちながら、ネットへ近づく準備も整えておきましょう。自分が前へ出るためのストロークだということを忘れないことが大切です。

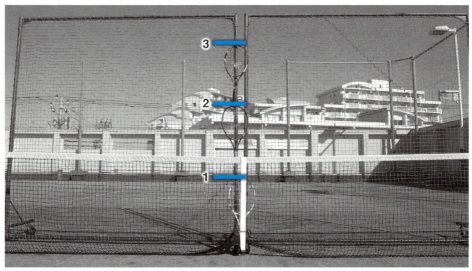

ネット通過時、地面からラケット3〜4本の高さを目安にして、深いボールを打っていこう

試合に向けての準備をする

からだを動かすための準備運動を習慣づけよう

　試合で最高のパフォーマンスをするため、最低３時間前には眠りから覚めましょう。そして、朝食前に太陽を浴びながらジョギングやストレッチをして心肺機能を高めます。

　試合会場には４０～６０分前に着いて会場の雰囲気に慣れるようにしましょう。コートサーフェスやボールの弾み方なども確認することをオススメします。

　そして、テニスに必要な筋肉を動かすためのトレーニングをこれから紹介していきます！

試合前にコートサーフェスをチェックする

ボールの弾み方をチェックする

風向きをチェックする

試合前にジョギングをする

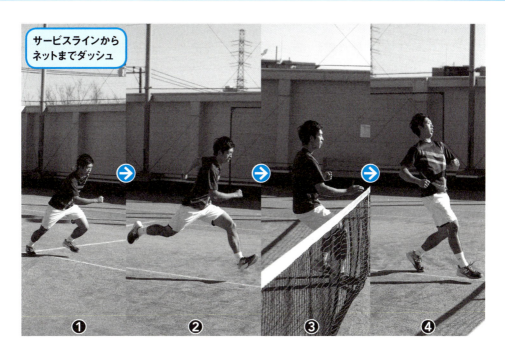

サービスラインから
ネットまでダッシュ

① ② ③ ④

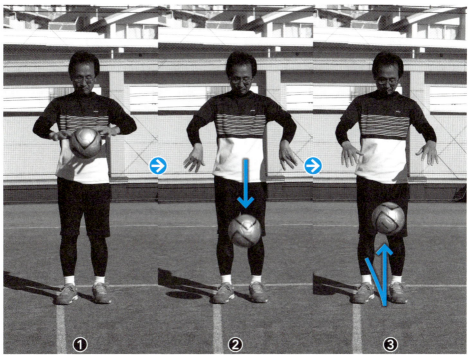

① ② ③

両腕でボールつき（回内動作）

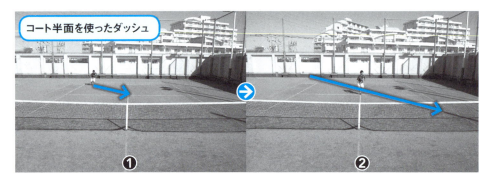

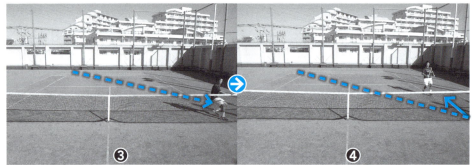

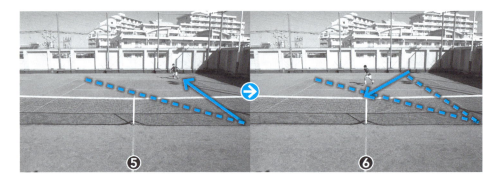

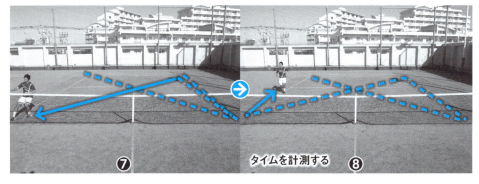

タイムを計測する

手信号による前後左右ダッシュ

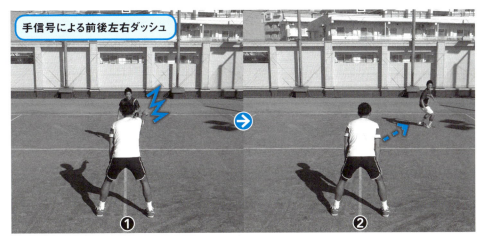

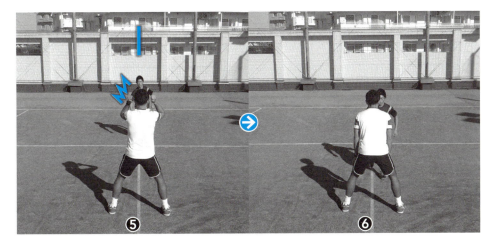

歩きながらテニスボールを使ったボール投げ

① ② ③

"体の切り返し動作"を取り入れたボール投げ

① ② ③ ④

ボールを使用した右腕の内転の動き

① ② ③

2人で、サッカーボールを使ったボール投げ

サッカーボールでボールつき

ウォーミングアップ

主要な筋肉は動かしておこう

　テニスは大腰筋や腸腰筋と呼ばれる大きな筋肉を動かすスポーツです。特に足は念入りにストレッチをしましょう。

　また、実際にテニスラケットを持ってボールを打つための動きや反応を確認することも重要です。実際の試合に即した動きをウォーミングアップに取り入れて、試合の準備をしましょう。

　脈拍が毎分120～130に上がるくらいが理想です。イメージとして頭の片隅に入れておいてください。

足を後ろへ蹴り上げて、大腰筋や腸腰筋を動かす

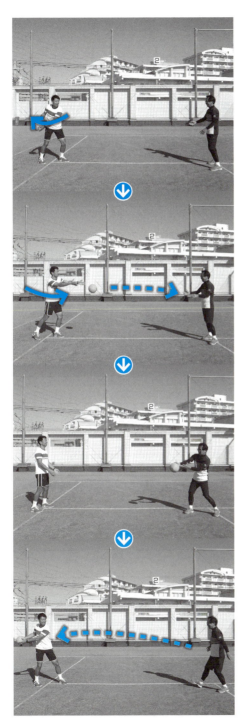

メディスンボールを使って、上体のひねりとひねり戻し

 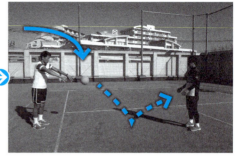

メディスンボールを使って、両手投げと片手投げ

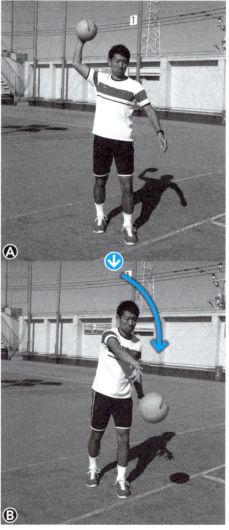

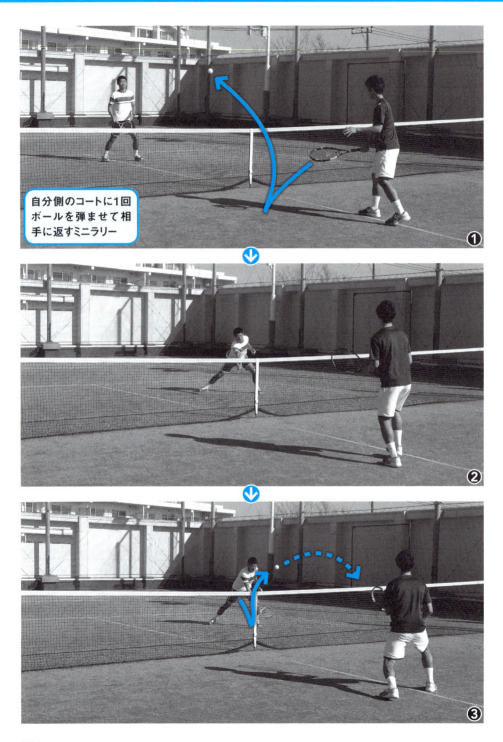

フォアハンドとバックハンドで、グランドストロークとボレーのシャドウスィング

クールダウン

乳酸を残さないようにして疲労回復を図ろう

試合で硬くなってしまった筋肉は乳酸がたまってしまいます。その乳酸を取り除き、効率的に疲労回復を図るのがクールダウンの目的です。ただし、筋肉は休ませすぎても良くありません。適度な負荷を与えることも必要です。次の日もしっかり体が動けるような方法をこれから紹介していきます！

ダッシュ

ジョギング

股関節や内転筋など（左右）

体側、股関節、ハムストリング、尻（左右）

体側、股関節、ハムストリング、尻（左右）

内転筋、股関節

アキレス腱、ひざ、
大腿部（左右）

ひじ（左右）、上腕

肩

大臀筋

アキレス腱

アキレス腱

両肩

手首

下にくる肩

ドリンクを飲んだり、バナナを食べたりして、筋肉を動かすために必要なグリコーゲンや糖質を補給する

集中力を高める

さまざまな方法で集中力を高めよう

人は弱気になるとパフォーマンスにも悪影響を与えてしまいます。そのような状況にならないため、集中力を高めて目の前の試合だけを考えるようにしましょう。ネガティブに考え込んでしまわないための方法をこれから紹介していきます。

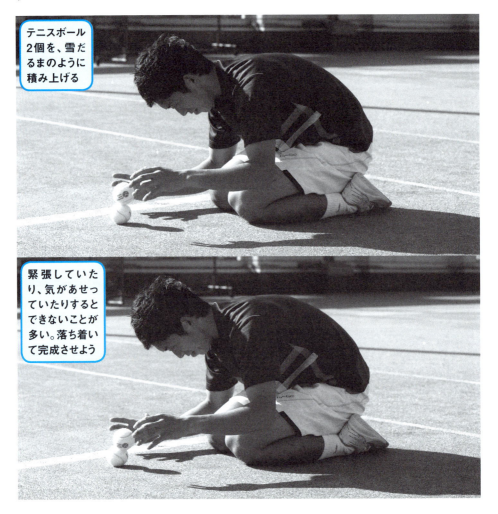

テニスボール2個を、雪だるまのように積み上げる

緊張していたり、気があせっていたりするとできないことが多い。落ち着いて完成させよう

トランプ2枚を使って、山の形にして立ててみる

音楽を聞いて闘争心をアップさせる。アップテンポの曲を聞くと気持ちが高揚する。あるいは、心地よい音楽を聞いて、リラックスして、心を落ち着かせる

じゃんけんに負けた時に、心底悔しがって、試合で負けたくないという闘争心に火をつける。負けたくない自分をつくる

残像メンタルトレーニングカードを見つめる

しっかりカードを見つめてから、目を閉じて残像を眺める

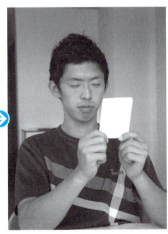

参考／R/C/T 残像トレーニングカード　ベーシック編
　　　株式会社高岸建築研究所　R/C/T 高岸応用科学研究所

用具の変化

　ラケットは軽量化が進み、パワーとコントロールを両立することのできる性能へと進化しています。

　グリップが小さいものが好まれる傾向にあります。以前、男性は３～４のグリップサイズが主流でしたが、最近では２のサイズで打つプレーヤーも少なくありません。

　ストリングの進化も止まりません。回転をかけることが難しくなくなり、張りの強さもしばらく維持することができます。男性は５５～６５ポンドが一般的でしたが、４０ポンドほどで張ることも今では珍しくありません。

　プロの世界では、ナチュラルガットとシンセティックストリングを一緒に張る"ハイブリッド"も定着しています。

最近では、男性でもグリップサイズ2を選んで、使っている人がいる

最近では、テンションを45～48ポンドで張る人が増えている

プレースタイルの変化

サーブ＆ボレーヤーはほとんどいなくなり、ベースラインでプレーする選手が大半となりました。スピードとパワーが格段に上がり、現在のビッグサーバーと呼ばれる選手たちは時速210～220kmのサーブを軽々と打ちます。昔では想像もできなかったことです。

ストロークも高い打点で強打することが容易になりました。ベースライン上からでもエースを決めることも不可能ではありません。

それに伴い、運動量が増しました。選手に更なるフィジカルが求められてきているのです。

環境の変化

学校での部活や草大会の出場、本気でプロ選手を目指す人など。テニスをする環境は人の数だけあります。プロを考えるジュニア選手には、海外へテニス留学を考える人もいるかと思います。

その環境が自分に合っているのか。今の進路で本当に正しいのか。迷うことは沢山あると思います。一人で答えを出せないようなときは、ぜひ緑ヶ丘テニスガーデンに相談してください。

練習時間

　高校テニス部の練習を例にすると、1日だいたい3時間ほどになると思います。しかし練習が6時間に及ぶ学校もないわけではありません。

　限られた時間を有効に使うため、ジュニア選手はシートに具体的な目標やスケジュールを書き、上を目指す意識をしっかりと持つことが大切です。練習とはいつだって厳しいものです。途中で投げ出してしまわないように、目標を決めて取り組みましょう！

目標シートの例

目標設定用紙

目標をつくると、やる気が高まります

「目標が達成できたら・・・・・」
達成できたらおこるいいこと
・両親が喜ぶ
・コーチが喜ぶ
・有名になれる
・いい高校に入れる
・海外ツアーにチャレンジできる

「目標を達成するために必要なこと」
・毎日トレーニングをする（体力をつける）
・練習を毎日努力する
・メンタルを強くする
・テクニックを向上させる

今の目標は？

全日本ジュニアU14
ベスト4に入る！

目標を達成するためには・・・

目標　A
上記右欄の中で最も大切なこと
『毎日のトレーニング・コンディショニング』
・ランニング（長距離）
・体幹トレーニング
・シャトルラン
・ストレッチを毎日する
・早く寝る
・毎食バランスのいい食事をする

目標　B
2番目以降に大切なこと
『メンタルを強くする』
・基礎練習のときにもしっかり集中する
・マッチ練習のとき、絶対に負けないようにする
・試合のイメージトレーニングを毎日する
・集中カードを毎日する

監修者&モデル紹介

中村吉人

緑ヶ丘テニスガーデン支配人。日本体育協会公認テニスマスターコーチ。現役時代はプロで活動、全日本ランキング最高4位をマークする。

2009年より（一般社団法人）東京都テニス協会、国体強化委員長に就任。東京都、国体チームを9年間サポートして全国総合優勝7回を果たす。

2018年の愛媛国体では、少年の監督を務め男子優勝、女子準優勝して天皇杯獲得に貢献している。

また、国際大会ＩＣ16ジュニアチャレンジ国別対抗戦では、キャプテンとして参加、2015年度アジア、オセアニア予選大会（シンガポール開催）で優勝、翌年行われた2016年度世界大会（モナコ開催）では、スペインに負けたが強豪のアメリカを抑え準優勝を果たす。

現在、緑ヶ丘テニスガーデンや東京都のジュニア強化の主任講師として活動中。この本の内容をベースに、選手が試合で最高のパフォーマンスを出し切れるように心、技、体をサポートすることを心掛けている。

梅本純平

緑ヶ丘テニスガーデン　ジュニアヘッドコーチ。日本体育協会公認テニスコーチ。全日本都市対抗出場。

中山和義

緑ヶ丘テニスガーデン専務取締役。「すべてのテニスプレーヤーを全力で応援します」をモットーにして、コーチだけでなくテニスショップ「テニスサポートセンター」も経営する。

菅沼伸彦
緑ヶ丘テニスガーデン専属コーチ。日本体育協会公認上級テニスコーチ。日本メンタルヘルス協会公認心理カウンセラー。

杉末洋史
緑ヶ丘テニスガーデン専属コーチ。日本体育協会公認テニス教師。

篠宮春吾
緑ヶ丘テニスガーデン専属コーチ。日本体育協会公認テニス教師。

笠原綾乃
緑ヶ丘テニスガーデン強化クラス所属。早稲田実業学校。2018年全国選抜メンバー。2017年全国選抜高校テニス大会関東地区優勝。

緑ヶ丘テニスガーデンの紹介

　緑ヶ丘テニスガーデンは、東京都三鷹市にあるテニススクールおよびテニスクラブで、子供からお年寄りまで、また男女問わず誰でも気軽にテニスを楽しむことができる場所だ。

　空調完備のインドアテニスコート2面をはじめ、アウトドアテニスコート5面、フィットネスジム、マッサージ、託児室、テニスショップ、カフェなど充実した設備を誇る。

　中村コーチや梅本コーチをはじめ、経験豊かで実績のあるコーチ陣が、丁寧に楽しくテニスを指導してくれる。2カ月ごとに、コーチからスクール生にアドバイスカードが渡される嬉しいフォローもある。

　テニスをやってみたい、テニスがもっとうまくなりたいと思う人は、ぜひ緑ヶ丘テニスガーデンを訪れてみてはどうだろう。

正面玄関と建物外観

インドアテニスコート2面

屋上テニスコート2面

屋外テニスコート

屋外テニスコート

テニスショップ

フィットネスジム

おわりに

　最後まで、読んでいただいてありがとうございます。
　テニスの新しい基本を理解していただけたでしょうか？
　できるだけ、多くの写真を使ってわかってもらえるように工夫をしたつもりですが、どうしても、本では伝えるのに限界があります。本当は、テニスコートでしっかりとデモストレーションを行って伝えたいです。
　その理由は、テニスが上達するためには、一生懸命に練習することが大切ですが、それと同じぐらいに技術に対して正しい知識を持つことも必要だからです。
　間違った知識のままで、繰り返し練習することは上達ができないだけではなく、最悪の場合には、肘や腰を痛めてしまって、テニスができなくなってしまいます。
　がんばって、努力をしている人が、ケガのためにテニスをやめなくてはいけないことほど、悲しいことはありません。

　私たち緑ヶ丘テニスガーデンでは、1人でも多くの皆さんに生涯スポーツとして、テニスを楽しんでいただきたいと願っています。そして、テニスは正しい基本を守って練習をしていけば、だれでも楽しく上達できるスポーツだと思います。

　この本が少しでもテニスを楽しむことのお役に立つことができたら、とても嬉しいです。いつか、テニスコートでお会いできるのを楽しみにしています。

緑ヶ丘テニスガーデン
東京都三鷹市北野4－1－25
TEL　03－3307－2101
www.midorigaoka.co.jp

緑ヶ丘テニスガーデンでは体験レッスンを受け付けています。
詳しくは、ホームページをご覧ください。

STAFF

編集・執筆	神 仁司
写真	井出秀人
カバーデザイン	柿沼みさと
本文デザイン・DTP	上筋英彌・木寅美香（アップライン株式会社）
編集協力	鏡 悠斗

パーフェクトレッスンブック
いちばん新しいテニス上達メソッド

監修　緑ヶ丘テニスガーデン
発行者　岩野裕一
発行所　株式会社実業之日本社
　　　　〒153-0044　東京都目黒区大橋1-5-1　クロスエアタワー8階
　　　　［編集部］03-6809-0452　　［販売部］03-6809-0495
　　　　実業之日本社ホームページ　http://www.j-n.co.jp

印刷・製本　大日本印刷株式会社

©Midorigaoka Tennis Garden 2018 Printed in Japan　ISBN978-4-408-33770-8（第一スポーツ）

本書の一部あるいは全部を無断で複写・複製（コピー、スキャン、デジタル化等）・転載することは、法律で定められた場合を除き、禁じられています。また、購入者以外の第三者による本書のいかなる電子複製も一切認められておりません。
落丁・乱丁（ページ順序の間違いや抜け落ち）の場合は、ご面倒でも購入された書店名を明記して、小社販売部あてにお送りください。送料小社負担でお取り替えいたします。ただし、古書店等で購入したものについてはお取り替えできません。
定価はカバーに表示してあります。
小社のプライバシーポリシー（個人情報の取り扱い）は上記ホームページをご覧ください。